NATIONALPARKS DER WELT

KANADA

NATIONALPARKS DER WELT

KANADA

Blake Maybank • Peter Mertz

KÖNEMANN

Originalausgabe 2000 New Holland Publishers (UK) Ltd

Übersetzung aus dem Englischen: Karin Szpott
Redaktion: Verlagsbüro Schürmann, Wedel
Satz: Nina Kodal, Hamburg, und KCS, Buchholz, für Verlagsbüro Schürmann

Projektkoordination: Dorit Esser
Herstellung: Ursula Schümer
Druck und Bindung: Star Standard Industries Pte. Ltd
Printed in Singapore

ISBN 3-8290-3910-7

10 9 8 7 6 5 4 3 2 1

Hinweis des Herausgebers

Tier- und Pflanzenspezies werden in diesem Buch soweit möglich nicht mit ihren wissenschaftlichen, sondern mit ihren allgemein gebräuchlichen Namen bezeichnet. Nur wo es solche Namen nicht gab, wurden die wissenschaftlichen Bezeichnungen verwendet. Viele der unter »Literaturhinweise« genannten Titel (S. 172) führen alle wissenschaftlichen Namen der in Kanada vertretenen Spezies auf.

Die Karten im Buch sollen nur zeigen, wo sich die jeweiligen Gebiete bzw. Orte befinden. Für einen Besuch ist es unerlässlich, sich mit gutem Kartenmaterial zu versorgen. Wir weisen ausdrücklich darauf hin, dass sich Zugangsregelungen, Unterkünfte und Besucherprogramme mit der Weiterentwicklung der Infrastruktur ändern können. In allen Nationalparks müssen längere Ausflüge genehmigt werden; setzen Sie sich also vorher mit der Parkverwaltung in Verbindung. Denken Sie auch immer daran, dass Trekkingpfade verlegt werden und sich die Wetterbedingungen innerhalb weniger Minuten dramatisch verändern können.

Obwohl die Herausgeber, der Autor und seine Berater alle Anstrengungen unternommen haben, korrekte Informationen zu liefern, kann keine Haftung für die Richtigkeit der in diesem Buch abgedruckten Informationen sowie die daraus für einen Leser möglicherweise entstehenden Schäden übernommen werden.

Kartenlegende für die Seiten 20 bis 166

	Trans-Canada Highway	Golden ○	Ort/Kleinstadt
23	Anderer Highway	Park HQ □	Allgemeine Information
551	Hauptstraße	*Vermilion Pass* ●	Sehenswertes
	Nebenstraße	*Kootenay*	Wasserlauf
	unbefestigte Straße/Feldweg	Blackcomb Peak ▲ 2437 m	Berggipfel (Höhe in Metern)
GRÖNLAND	Staatsgrenze		Regionalflughafen
	Grenze des Schutzgebietes		Lodge/Unterkunft
Quebec ○	Stadt		Campingplatz

Abbildungen auf den ersten Seiten:
Seite 1: weiblicher Luchs; Seite 2/3: männlicher Rothisch im Jasper National Park; Seite 4/5: Herbstwald im La Mauricie National Park; Seite 6/7: Castle Mountain im Winter, Banff National Park; Seite 8/9: Jacques Cartier River Valley, Le Perdreau.

Widmung des Autors

Für Martine, die unerwartetste Entdeckung meiner Rechercheireisen.

INHALT

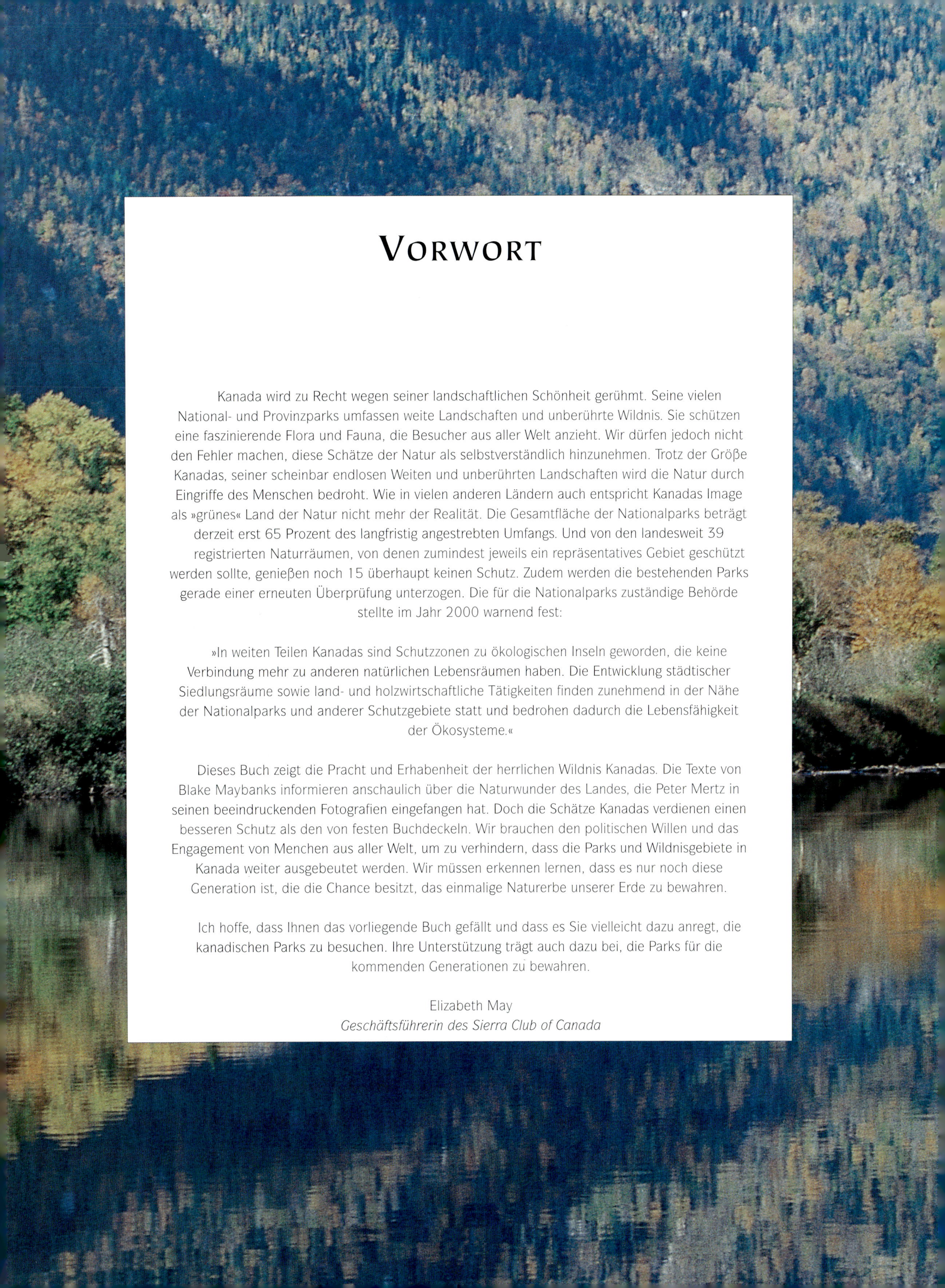

Vorwort

Kanada wird zu Recht wegen seiner landschaftlichen Schönheit gerühmt. Seine vielen National- und Provinzparks umfassen weite Landschaften und unberührte Wildnis. Sie schützen eine faszinierende Flora und Fauna, die Besucher aus aller Welt anzieht. Wir dürfen jedoch nicht den Fehler machen, diese Schätze der Natur als selbstverständlich hinzunehmen. Trotz der Größe Kanadas, seiner scheinbar endlosen Weiten und unberührten Landschaften wird die Natur durch Eingriffe des Menschen bedroht. Wie in vielen anderen Ländern auch entspricht Kanadas Image als »grünes« Land der Natur nicht mehr der Realität. Die Gesamtfläche der Nationalparks beträgt derzeit erst 65 Prozent des langfristig angestrebten Umfangs. Und von den landesweit 39 registrierten Naturräumen, von denen zumindest jeweils ein repräsentatives Gebiet geschützt werden sollte, genießen noch 15 überhaupt keinen Schutz. Zudem werden die bestehenden Parks gerade einer erneuten Überprüfung unterzogen. Die für die Nationalparks zuständige Behörde stellte im Jahr 2000 warnend fest:

»In weiten Teilen Kanadas sind Schutzzonen zu ökologischen Inseln geworden, die keine Verbindung mehr zu anderen natürlichen Lebensräumen haben. Die Entwicklung städtischer Siedlungsräume sowie land- und holzwirtschaftliche Tätigkeiten finden zunehmend in der Nähe der Nationalparks und anderer Schutzgebiete statt und bedrohen dadurch die Lebensfähigkeit der Ökosysteme.«

Dieses Buch zeigt die Pracht und Erhabenheit der herrlichen Wildnis Kanadas. Die Texte von Blake Maybanks informieren anschaulich über die Naturwunder des Landes, die Peter Mertz in seinen beeindruckenden Fotografien eingefangen hat. Doch die Schätze Kanadas verdienen einen besseren Schutz als den von festen Buchdeckeln. Wir brauchen den politischen Willen und das Engagement von Menchen aus aller Welt, um zu verhindern, dass die Parks und Wildnisgebiete in Kanada weiter ausgebeutet werden. Wir müssen erkennen lernen, dass es nur noch diese Generation ist, die die Chance besitzt, das einmalige Naturerbe unserer Erde zu bewahren.

Ich hoffe, dass Ihnen das vorliegende Buch gefällt und dass es Sie vielleicht dazu anregt, die kanadischen Parks zu besuchen. Ihre Unterstützung trägt auch dazu bei, die Parks für die kommenden Generationen zu bewahren.

Elizabeth May
Geschäftsführerin des Sierra Club of Canada

EINLEITUNG

*»Wir müssen uns anders bereichern als durch materiellen Wohlstand, dafür brauchen wir uns nur umzusehen und das zu betrachten, was unser Land zu bieten hat …
Wir haben hier etwas, was kein anderes Land besitzt.«*
Grey Owl (Wa-sha-quon-asin)

So sprach der Schriftsteller und Naturschützer Grey Owl schon in den 1930er-Jahren über die Wildnis Kanadas, und seine Worte haben nichts von ihrem Wahrheitsgehalt eingebüßt. 115 Jahre, nachdem der erste kanadische Nationalpark eingerichtet wurde, stellt das explosionsartige Wachstum der Weltbevölkerung die größte Belastung für die Natur unseres Planeten dar, und wilde, unberührte Regionen werden seltener und sind immer stärker gefährdet. Mit Ausnahme der Antarktis liegen zwanzig Prozent der Wildnisgebiete der Erde in Kanada. Kanada steht noch immer für weitläufige, unberührte Natur, und auch wenn dieses Idealbild aufgrund der rasanten Entwicklung der Neuzeit nicht überall mehr der Wirklichkeit entspricht, gibt es noch immer viel Land, das Schutz verdient und auch benötigt. Die Einrichtung und Pflege von Nationalparks ist dafür das wirkungsvollste Mittel – und trotzdem werden nicht mehr als 2,5 Prozent des Landes derzeit im Rahmen eines Nationalparks geschützt.

Kanada hat 30 Millionen Einwohner, und die Zahl wächst ständig. Doch 95 Prozent der Menschen leben innerhalb eines 500 km breiten Gürtels oberhalb der südlichen Grenze zu den USA. Die großen Wildnis-Nationalparks sind weit entfernt von den Großstädten.

Linke Seite: *Saftige Wiesen bedecken die unteren Hänge des Black Tusk Mountain im Garibaldi Provincial Park, British Columbia.*
Oben: *Der Killerwal oder Orca ist in den Gewässern vor der Pazifikküste Kanadas ein willkommener Anblick.*

Viele der kanadischen Nationalparks sind international anerkannt. Seit 1972 hat die UNESCO elf Gebiete in Kanada sowie zwei grenzübergreifende Regionen an der Grenze zu den USA zum Weltnaturerbe erklärt. Zu diesen 13 Naturdenkmälern zählen neun kanadische Nationalparks: Nahanni, Wood Buffalo, Gros Morne, die kanadischen Rocky Mountain Parks (Banff, Jasper, Yoho, Kootenay), Waterton und Kluane.

Geschichte

Obwohl das Land in Kanada auch durch Wildparks, Historische Parks, Provinzparks und öffentliche Parks von Umweltschutzgruppen und durch Privatbesitz geschützt wird, spielen doch die Nationalparks die wichtigste Rolle. Sie gewähren den besten, weil auch rechtlich abgesicherten Schutz. Dieses Buch ist den Nationalparks gewidmet, beschreibt darüber hinaus jedoch auch mehrere Provinzparks. Es gibt Hunderte von Provinzparks, die vornehmlich Erholungszwecken dienen, in ihrer Mehrzahl jeweils aber auch ein erhaltenswertes Habitat schützen. Im vorliegenden Buch werden alle kanadischen Nationalparks sowie vier ausgewählte Provinzparks beschrieben. Letztere wurden ausgesucht, weil die einen (Cypress Hills Interprovincial Park und Dinosaur Provincial Park) besondere Habitate aufweisen, die in den Nationalparks nicht repräsentiert sind, und die anderen (Garibaldi Provincial Park und Algonquin Provincial Park) das Erleben der Wildnis in der Nähe großer Stadtgebiete ermöglichen.

Die ersten Europäer, die nach Kanada kamen, waren vor tausend Jahren die Wikinger. Doch erst mehrere Jahrhunderte später gaben Engländer und Franzosen, die um den Reichtum des Landes wetteiferten, den Anstoß für seine Erforschung und Besiedlung. Heute ist Kanada ein zweisprachiges Land (Französisch und Englisch) mit 30 Millionen Einwohnern; die meisten der acht Millionen Frankokanadier leben in den Provinzen Quebec und New Brunswick.

Wirtschaftliche Gründe waren ausschlaggebend für die Gründung der ersten kanadischen Nationalparks. Im Jahr 1885 galt der Bau der Transkontinentalen Eisenbahn als entscheidend für die Entwicklung des Landes, und man überlegte sich, dass die Schaffung von Parks wohlhabende Besucher anlocken würde, die mit der neuen Eisenbahn fuhren. In dem Jahr, in dem die Eisenbahn fertig gestellt wurde, richtete man um die heißen Schwefelquellen in Banff, wo die Thermalbäder Kranke und andere Reisende anlockten, ein kleines Schutzgebiet ein. Schließlich kaufte die Regierung das Land und schuf den Rocky Mountain Park, der später in Banff National Park umbenannt wurde. Die wachsende Beliebtheit des Parks führte rasch zur Gründung weiterer Parks.

1911 richtete die Regierung mit dem *Dominion Parks Branch* (heute *Parks Canada*) eine Dienststelle ein, die die Parks verwalten sollte. Der erste Parkverwalter war James B. Harkin, ein verständiger Mann, der ein leidenschaftliches Interesse für die Wildnis mit einer pragmatischen, wirtschaftlich orientierten Einstellung verband. Seine Lobbyarbeit führte 1930 zum *National Parks Act*, der die industrielle Entwicklung in Nationalparks verbot. Er erhöhte außerdem die Zahl der Parks von fünf auf achtzehn und gründete viele Parks in neuen Regionen. Er überzeugte Politiker von den Vorteilen des Tourismus und unterstützte den Bau von Parkeinrichtungen und Zufahrtsstraßen.

In den folgenden Jahren wurden einige Parks aus kommerziellen Interessen ausgebeutet, und als Folge davon wurden mehrere verkleinert oder sogar ganz beseitigt. Die erstarkende Umweltschutzbewegung trug dazu bei, dass 1964 eine neue Nationalparkpolitik in Kraft trat, die die Provinzregierungen zur langfristigen Verwaltung der Parks verpflichtete. Das Konzept sah vor, Kanada in natürliche Regionen aufzuteilen und innerhalb jeder Region einen Park von ausreichender Größe zu schaffen, der einem repräsentativen Teil des Habitats Schutz bietet. Dieses Ziel wurde noch nicht erreicht, da die wirtschaftliche Rezession in den 1980er-Jahren umfangreiche Streichungen im Budget der Parkverwaltung zur Folge hatte.

Es gibt in Kanada heute vierzig Nationalparks, einige sind fest etabliert, andere warten auf den Ausgang der Verhandlungen mit Gruppen der indianischen Ureinwohner (*First Nations*). Auch wenn Kanadas Nationalparks unter Geldmangel leiden und mit zu wenig Personal auskommen müssen, bieten sie weiterhin einen ausgezeichneten Einstieg in die wahre Natur des zweitgrößten Landes der Welt.

Biogeografische Entwicklung

Kanada weist eine vielschichtige und komplexe Biogeografie auf. Die zugrunde liegenden Landformen wurden durch die westliche Verschiebung der Kontinentalplatten Nordamerikas gegen die pazifische Platte geformt, die die Rocky Mountains von British Columbia, Alberta und dem Yukon auffaltete. Diese jungen Berge wachsen noch immer, und die Westküste Kanadas, die über den anstoßenden

Kanadas Parks umfassen ganz verschiedene Habitate, die meisten von ihnen sind riesig. Der raue Atlantik dominiert die Landschaft des Saguenay National Marine Park (links), *in der Provinz Saskatchewan hingegen charakterisieren hügelige Prärien den Grasslands National Park* (rechts).

Plattenrändern liegt, ist noch heute aktives Erdbebengebiet. Die gebirgigen Hochlandregionen im Osten Kanadas, in Quebec, Newfoundland, Prince Edward Island und Nova Scotia, sind die Überbleibsel der Appalachen, die vor langer Zeit entstanden, als die Kontinentalplatte sich nach Osten bewegte.

Das übrige Kanada wird von vier großen Regionen dominiert. Die arktische Region des hohen Nordens ist ein Land im Dauerfrost, mit Eis, Bergen und einem sehr kurzen Sommer. Der Kanadische Schild umfasst die ältesten Gesteinsoberflächen der Welt – ein Teil ist über vier Milliarden Jahre alt. Es ist eine hügelige Landschaft mit Felsen, Nadelwäldern und unzähligen Seen, die durch Flüsse miteinander verbunden sind. Die Inneren Ebenen (*Interior Plains*) bestehen aus einem riesigen, flachen Gebiet, dessen Felsuntergrund mit Sedimenten des Kanadischen Schildes und den Bergen der Gletscher bedeckt ist, die in den letzten zwei Millionen Jahren den größten Teil des Landes mindestens fünf Mal unter einer kilometerdicken Eisschicht begruben. Die Gletscher schufen außerdem die anderen beherrschenden Landschaftsformen in Kanada: die Großen Seen (*Great Lakes*) und den St.-Lorenz-Strom (*St. Lawrence River*), über den die Seen entwässern.

Tiere und Pflanzen

Während der Eiszeiten gab es im größten Teil Kanadas keine Tiere und Pflanzen. Sie haben sich erst seit dem letzten Rückzug des Eises vor 12 000 Jahren sowohl vom Süden als auch von den wenigen Regionen aus, die nicht von Eis bedeckt waren, angesiedelt. Kein Teil von Kanada ist entweder tropisch oder subtropisch, auch ist die Artenvielfalt – wie es für Länder, die dicht am Pol liegen, typisch ist – nicht besonders groß. Kanada weist weniger als 200 Arten von Säugetieren und lediglich 550 Vogelarten auf, die jährlich gesichtet werden – die meisten von ihnen sind Zugvögel. Kanada ist das größte Land der Welt ohne endemische, also nur hier vorkommende Vogelarten, und auch bei den Insekten und Pflanzen gibt es nur wenige endemische Arten.

Umweltschutz tut Not

Wie in fast allen Ländern der Welt besteht auch in Kanada ein Interessenkonflikt zwischen Naturschutz und wirtschaftlicher Ausbeutung der natürlichen Ressourcen. Kanadas Verantwortung für den Natur- und Umweltschutz ist jedoch größer als in den meisten Nationen, da sich auf seinem Territorium ein beträchtlicher Teil der auf der Welt noch existierenden Wildnisgebiete und Süßwasservorkommen befindet. Das Land ist zurecht stolz auf seine Nationalparks, doch viele seiner einzigartigen Ökosysteme (insbesondere Meeresregionen) genießen noch immer keinen Schutz. Auch kann die Ausbeutung der natürlichen Ressourcen nicht wirksam kontrolliert werden, und die Verschwendung von Wasser und der Verbrauch fossiler Brennstoffe müssten drastisch eingeschränkt werden. Das Land erholt sich erst allmählich von einer langen Rezession und befindet sich deshalb in einer Situation erhöhten ökonomischen Drucks auf die Erschließung der vorhandenen Ressourcen. Dies hat zur Folge, dass die Regierung bislang in Umweltfragen nur langsam reagiert. Um hier eine Änderung zu bewirken, treten in Kanada wie in anderen Ländern auch Umweltschutzgruppen wie z. B. die Canadian Parks and Wilderness Society oder Greenpeace ein.

Die dichten Nadelwälder des Jasper National Park (links) *sind typisch für weite Teile der borealen Regionen. Nördlich des 60. Breitengrades sind Bäume jedoch selten, und die arktische Landschaft in Parks wie Auyuittuq* (rechts) *ist geprägt von Dauerfrost und ausgedehntem Gletschereis.*

Ureinwohner – First Nations

Die Europäer waren nicht die Ersten, die kanadischen Boden betraten. Bereits vor Ende der letzten Eiszeit, vor 12 000 Jahren, kamen Menschen aus Asien über die Beringia, eine damals noch existierende Landbrücke, nach Nordamerika. Sie breiteten sich sowohl in Nord- als auch in Südamerika aus und wurden fast überall sesshaft. Es entwickelte sich eine erstaunliche Vielfalt an Kulturen, Sprachen, Religionen und Lebensformen. Für die meisten Ureinwohner, für die heute der Sammelbegriff *First Nations* verwendet wird, erwies sich die Ankunft der Europäer als Katastrophe. In Kanada verliefen zwar die Auseinandersetzungen zwischen Europäern (vornehmlich Briten und Franzosen) und den Ureinwohnern weniger blutig als anderswo auf dem Kontinent, dennoch sorgten auch hier Vertreibung, eingeschleppte Krankheiten und die Zerstörung des Lebensraums für einen grundlegende Veränderung der traditionellen Lebensweisen.

In Kanada gibt es heute viele First-Nations-Gruppen; sie leben in mehr als 630 Gemeinden, die sich auf alle Provinzen und Territorien verteilen. Viele dieser Gemeinschaften strengen derzeit Rechtsverfahren an, in denen die Eigentumsverhältnisse jener Gebieten geklärt werden sollen, auf die sie seit alters her Anspruch erheben. In einigen Nationalparks sind traditionelle Lebensweisen der Ureinwohner weiterhin gestattet (z. B. Jagd für den Eigenbedarf), und neue, gerade entstehende Parks im Norden beziehen die Ureinwohner bei Konzeption und Verwaltung mit ein.

Das Tierleben in den kanadischen Parks reicht vom scheuen Vielfraß (links), *der weite Strecken zurücklegt, bis zum Buckelwal* (rechts), *den man sowohl an der Atlantik- als auch an der Pazifikküste zu sehen bekommt.*

Freizeitaktivitäten

Das Nationalparkgesetz sieht vor, dass dem Erhalt des Naturerbes erste Priorität einzuräumen ist. Diesem ist die touristische Nutzung der Parks untergeordnet. Besuchern darf der Zutritt gestatten werden, solange die Ressourcen des Parks dadurch nicht gefährdet sind. Wo es möglich ist, gestatten Parks auch bestimmte sportliche Aktivitäten im Freien. Einige der heute bestehenden Freizeiteinrichtungen wurden bereits vor Jahrzehnten genehmigt, als die Bestimmungen noch nicht so streng waren. Daher besitzen einige Parks Golf- und Tennisplätze, Skipisten u. a. Derzeit ist die Schaffung neuer Einrichtungen dieser Art verboten. Erlaubt sind nur noch naturverträgliche Aktivitäten wie Wandern, Kanufahren, Skilanglauf, Schwimmen, Picknicken und Camping. Mountainbiking und Reiten sind nur auf wenigen ausgewiesenen Wegen gestattet, Geländewagen grundsätzlich verboten, auch wenn ein paar Pisten für Snowmobile existieren.

In den Randzonen der Parks, in der Nähe der Eingänge, können diese Aktivitäten meist ungehindert ausgeübt werden. Für Touren ins »Hinterland« ist in den meisten Parks eine zusätzliche Erlaubnis nötig – ebenso wie für bestimmte Aktivitäten wie Bergsteigen oder Höhlenforschung. Diese Maßnahme soll sicherstellen, dass die betreffenden Besucher entsprechend ausgerüstet und vorbereitet sind und dass die Ressourcen des Parks geschützt werden.

Eintritt und Zugänglichkeit

Die meisten Parks verlangen Gebühren für die Nutzung ihrer Einrichtungen und Dienstleistungen: für Eintritt, Camping, Fischen, spezielle Angebote usw. Es gibt keinen landesweit gültigen Pass, und die Gebühren sind je nach

Park unterschiedlich und ändern sich jedes Jahr. Informieren Sie sich bei den betreffenden Parks oder auf der Website der Parkverwaltung Parks Canada (siehe Seite 173).

Praktische Tipps

Da die meisten Nationalparks echte Wildnis-Parks sind, gibt es potenzielle Gefahren. So weit sie parkspezifisch sind, werden sie im entsprechenden Kapitel abgehandelt, doch ein paar sind für fast alle Parks relevant:

Bären kommen in den meisten kanadischen Nationalparks vor. Alle drei Arten (Schwarz-, Braun- und Eisbär) sollten ernst genommen werden. Normalerweise meiden Bären die Menschen. Doch es kommen Angriffe vor; häufig, wenn Bären sich an Menschen gewöhnt haben, wenn sie überrascht werden oder gezwungen werden, ihre Jungen oder ihr Futter zu verteidigen. *You are in Bear Country* (»Sie befinden sich auf Bärengebiet«) ist eine Art Mantra in kanadischen Parks. *Parks Canada* verteilt Broschüren, in denen auf die Gefahren durch Bären hingewiesen wird.

Keine **anderen wilden Tiere** stellen eine vergleichbare Gefahr dar. Trotzdem sollten Sie sich ihnen weder nähern noch sie füttern. Während der Brunft im Herbst ist es schon vorgekommen, dass Wapitihirsche und Elche Menschen angegriffen haben. Kleinere Tiere wie Waschbären, Stinktiere und Füchse können Tollwut übertragen. In Kanada gibt es zwei Arten von giftigen Klapperschlangen; zwar ist keine von beiden aggressiv, doch sollte man trotzdem vorsichtig sein. Falls Sie von einer Schlange gebissen werden, begeben Sie sich sofort in ärztliche Obhut.

Stechende Insekten gehören in nördlichen Gefilden zu jedem Sommer dazu. Moskitos oder Stechmücken sind weit verbreitet, während Kriebelmücken auf die borealen Wälder beschränkt sind. Weitere stechende Insekten sind Bremsen, Goldaugenbremsen, Sandfliegen und kleine Mücken. Normalerweise übertragen sie keine Krankheiten. Tragen Sie feste Kleidung und verwenden Sie Mückenschutzmittel. Insekten fühlen sich von dunkler Kleidung und Parfum angezogen. Tragen Sie also helle Kleidung, verwenden Sie unparfümierte Seife und kein Parfum.

Die Gefahr von Unterkühlung besteht in allen Nationalparks am Anfang des Frühlings und in höher gelegenen Parks in den Bergen sowie in der Arktis das ganze Jahr über. Hypothermie droht, wenn man der Kälte ausgesetzt ist und Nässe, Wind und Erschöpfung hinzukommen. Die meisten Fälle treten bei relativ milden Temperaturen zwischen -1 und 10 Grad auf. Wenn der Körper auskühlt, führt dies zu Zittern, undeutlichem Sprechen und Koordinationsverlust, schließlich zum Kollaps und zum Tod.

Vor dem Betreten eines Parks sollten Sie sich über die Ursachen, die Symptome und die Behandlung von Unterkühlung informieren. Doch vorbeugen ist besser als heilen: Tragen Sie warme Sachen und Regenkleidung, essen Sie keinen Schnee und schützen Sie die Körperteile, die viel Wärme abgeben: Kopf, Hals, Unterarme, Leistengegend. Tragen Sie eine Kopfbedeckung, halten Sie sich trocken und meiden Sie kalten Wind. Wechseln Sie nasse Kleidung so rasch wie möglich, und sorgen Sie dafür, dass sich Ihr Körper nicht überhitzt. Nehmen Sie Nahrung mit hohem Energiegehalt zu sich und schlagen Sie bei langen Touren Ihr Lager rechtzeitig auf – bevor Sie müde werden!

Ausgedehnte Wälder, darunter Birkenwälder (Mitte), *dominieren viele kanadische Parks. Sie beherbergen eine Vielzahl von Wildblumen, so die Kardinalslobelie* (links) *und das Kanadische Blutauge* (rechts).

GRÖNLAND
ISLAND
ALASKA (USA)
Anchorage
Juneau
KANADA
Calgary
Vancouver
Seattle
Halifax
Ottawa
Toronto
Boston
New York
Washington D.C.
Chicago
San Francisco
Las Vegas
USA
Los Angeles
Oklahoma City
Dallas
Houston
ATLANTISCHER OZEAN
Miami
Havana
GOLF VON MEXIKO
MEXIKO
KUBA
PAZIFISCHER OZEAN
Mexiko City
JAMAIKA
VENEZUELA
Quttinirpaaq National Park
Ellesmere Island
Eureka
Axel Heiberg Island
Grise Ford
Baffin Bay
Cornwallis Island
Devon Island
Aulavik National Park
Parry Channel
Bylot Island
Banks Island
Somerset Island
Pond Inlet
ALASKA
BEAUFORT-SEE
Sachs Harbour
Prince of Wales Island
Polarkreis
Ivvavik National Park
Clyd
Vuntut National Park
Baffin Island
Yukon
Porcupine
Victoria Island
Holman
Inuvik
Fairbanks
Paulatuk
Tuktut Nogiat Natiomal Park
Hall Beach
Pelly Bay
Prince Cha
Island
Tetlin Junction
Dawson
Repulse Bay
Great Beer Lake
Foxe Basin
Stewart Crossing
Beaver Creek
Mackenzie
YUKON TERRITORY
NUNAVUT
Burwash Landing
Southampton Island
Kluane National Park Reserve
Haines Junction
Nahanni National Park
NORTHWEST TERRITORIES
Cape D
Coral Harbour
Whitehorse
Fort Simpson
Yellowknife
Skagway
Coats Island
Fort Liard
Great Slave Lake
GOLF VON ALASKA
Juneau
Lower Post
Liard
Mansel Island
Hay River
Fort Smith
BRITISH COLUMBIA
Fort Nelson
Wood Buffalo National Park
Peace Point
HUDSON BAY
Lake Athabasca
Stewart
ALBERTA
Churchill
SASKATCHEWAN
Wapusk National Park
New Hazelton
Peace
Fort MacKay
Fort McMurray
Reindeer Lake
Queen Charlotte Islands
Terrace
Prince Rupert
Dawson Creek
Peace River
Fox Mine
Nelson
Sandspit
Fort Seven
Gwaii Haanas National Park Reserve
Prince George
Elk Island National Park
KANADA
Thompson
St Albert
Cold Lake
Prince Albert National Park
Severn
Fraser
Edmonton
N. Saskatchewan
MANITOBA
Lloydminster
ONTARIO
Leduc
Port Hardy
Glacier National Park
Jasper National Park
North Battleford
Prince
Grand Rapids
Red Deer
Mount Revelstoke National Park
Mafeking
Lake Winnipeg
Yoho National Park
Vancouver Island
Garibaldi Provincial Park
Banff National Park
Saskatoo
Albany
Squamish
Kamloops
Revelstoke
Calgary
Eatonia
Riding Mountain National Park
Tofino
Kootenay National Park
Dinosaur Provincial Lake
Dauphin
Port Alberni
Vancouver
Kelowna
Brooks
Moose Jaw
Russel
Pacific Rim National Park
Penticton
Lake Nipigon
Victoria
S. Saskatchewan
Medicine Hat
Regin
Erickson
Kenora
Elkford
Bellingham
Cranbrook
Cypress Hills Interprovincial Park
Winnipeg
Nipigon
Everett
Rossland
Lethbridge
Brandon
Portage la Prairie
Thunder Bay
PAZIFISCHER OZEAN
Seattle
Waterton Lakes National Park
Coutts
Steinbach
Pukaskw National
Aberdeen
Fort Frances
Spokane
Kalispell
Havre
Grasslands National Park
Lake Superior
Great Falls
Minot
Grand Forks
Yakima
Virginia
Kennewick
Missoula
Portland
Pendleton
Fargo
Duluth
Marque
Albany
Bismarck
Butte
Eugene
Bend
Billings
Aberdeen
St
Eau Claire
Green Bay
VEREINIGTE STAATEN VON AMERIKA
Minneapolis
Medford
Boise
Missouri
Rochester
Mississippi
Lake Michigan
Sioux Falls
La Crosse
Fairmont
Austin
Milwaukee
70°
60°
50°
40°

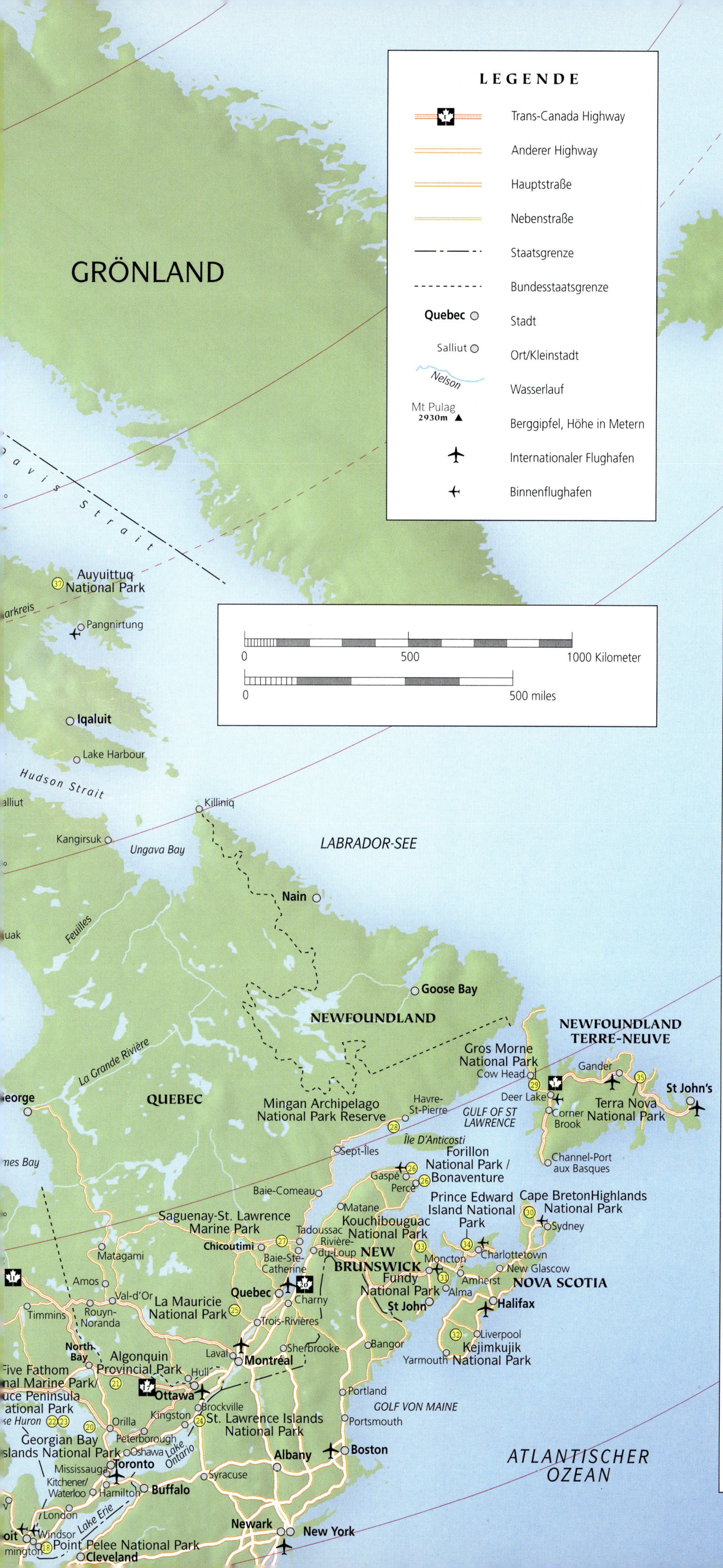

Nationalparks und andere Schutzgebiete Kanadas

BRITISH COLUMBIA

British Columbia ist die drittgrößte Provinz Kanadas und die einzige, die an den Pazifik grenzt. In ihrem Buch *British Columbia: A Natural History* schreiben Richard und Sydney Cannings: »British Columbia ist ein herrliches Land für jeden Naturinteressierten. Es gibt hier mehr Tier- und Pflanzenarten als in jeder anderen kanadischen Provinz.« Die Menschen fühlen sich von den Gebirgen, den Regenwäldern und der Pazifikküste British Columbias magisch angezogen.

Es gibt vier Gebirgs-Nationalparks – Glacier, Yoho, Kootenay und Mount Revelstoke – und viele Provinzparks, von denen Garibaldi stellvertretend in diesem Buch beschrieben wird. Die Gebirge bieten herrliche Landschaften mit einer zauberhaften alpinen Vegetation und einer faszinierenden Tierwelt, die Schneeziegen, Grizzlys, Murmeltiere und zahlreiche Vögel wie z. B. den Steinadler umfasst. Weltberühmt sind die Regenwälder von British Columbia, nicht zuletzt, weil sie durch die Holzindustrie bedroht werden. Der Regenwald wird durch den Pacific Rim National Park, den Gwaii Haanas National Park sowie durch Cathedral Grove und mehrere Provinzparks geschützt. Seine hohen Hemlocktannen und anderen Nadelbäume bieten Lebensraum für viele Pflanzen und Tiere, u. a. den seltenen Marmelalk, einen Seevogel, der hoch oben in Bäumen nistet. Ozeanliebhaber fahren gern in den Pacific Rim National Park, wo sie Grau- und Killerwale beobachten können.

Das Lieblingsziel des Autors in British Columbia ist das Oskanagan Valley, ein trockenes Tal im Binnenland – ein Land mit Weingärten und Flussläufen, umgeben von bewaldeten Bergen. British Columbia ist ein wichtiger Schauplatz vieler Umweltschutzkampagnen. Dabei geht es vor allem um die Bedrohung der wenigen noch unberührten Wälder. Überzeugen Sie sich selbst davon, dass die Provinz Respekt und Schutz verdient.

Pacific Rim National Park

Kanadas Park am Meer

»Wir betrachteten gemeinsam das Meer und den Himmel …«
Perce Bysshe Shelley in einem Brief an Maria Gisbourne

Der Pacific Rim National Park besteht aus drei getrennt verwalteten Teilen (*Units*) von ungewöhnlicher Schönheit. Auf einer Länge von 150 km erstreckt sich der schmale Park von Nord nach Süd. Die Gründungsakte für den Park wurde 1970 unterzeichnet, die endgültige Entscheidung über die genauen Grenzen des Parkgeländes hängt jedoch noch vom Ausgang eines Verfahrens ab, bei dem über die Gebietsansprüche der örtlichen Ureinwohner, der Nuu-chah-nulth, verhandelt wird.

Linke Seite:
Den Botanical Beach erreichen abenteuerlustige Wanderer auf dem West Coast Trail (oben). *In den Küstengewässern des Nationalparks tummeln sich Killerwale* (unten links).
Seeotter wurden in der Region wieder angesiedelt und sind nun im Park und in der Umgebung wieder zu beobachten (unten rechts).

Oben rechts: *Ausflugsfahrten zur Walbeobachtung sind die Attraktion für Besucher auf Vancouver Island.*

Vorhergehende Seiten: *Im Pacific Rim National Park stehen ausgedehnte Gebiete mit hoch gewachsenem, uraltem Küstenregenwald unter Naturschutz* (Seite 18). *Waldlilien wachsen in den Wäldern von British Columbia* (Seite 19).

Trotz des majestätischen Regenwalds bestimmen der Ozean und das Wetter das Leben im Pacific Rim National Park. Er ist zwar nicht der einzige kanadische Park, der ans Meer grenzt, doch nirgendwo sonst beherrscht der Ozean die Küstenregion so unmittelbar wie hier. Besucher wandern beeindruckt zwischen riesigen, uralten Hemlocktannen und Sitkafichten hindurch – doch was in erster Linie in Erinnerung bleibt, sind die unbarmherzige, tosende Brandung entlang der langen Sandstrände der häufig dramatische Himmel und der sintflutartige Regen, der manchmal tagelang anhält.

Long Beach

Der im Norden gelegene Long Beach ist der meistbesuchte Teil des Parks, da er über eine geteerte Straße gut zu erreichen ist. Neben dem 11 km langen Strand bietet dieser Parkabschnitt die Möglichkeit, unterschiedliche Lebensräume für Tiere und Pflanzen kennen zu lernen: Meer, Watt, Strand und Wald. Der 2 km lange Rainforest Trail ermöglicht einen hervorragenden Einblick in die eindrucksvollen Küstenregenwälder von Vancouver Island. Einige der Rotzedern sind über 800 Jahre alt, die Hemlocktannen hingegen »nur« 300 Jahre. Farne, Moose und Flechten, darunter Tüpfelfarn und Schlafmoos, gibt es reichlich. Säugetiere und Vögel sind schwer zu entdecken, doch das Vogelgezwitscher ist allgegenwärtig, vor allem das von Zaunkönig und Halsbanddrossel. Mit

Lage: An der Westküste von Vancouver Island (BC). Der Park ist dreigeteilt: Long Beach Unit, Broken Group Islands Unit, West Coast Trail Unit.

Klima: Seeklima, wechselhaft mit starken Regenfällen (300 cm jährlich). Durchschnittstemperatur im Sommer 14, im Winter 6 Grad. Im Sommer häufig Nebel. Der meiste Regen fällt im Herbst und Winter.

Reisezeit: Ganzjährig. Hochsaison in der Long Beach Unit: Juli bis Aug. Einige Parkeinrichtungen in der Nebensaison (Nov. bis März) geschlossen.

Anreise: Long Beach Unit: mit dem Auto von Port Alberni über Hwy 4 (285 km von Victoria). Broken Group Islands Unit: mit dem Schiff von Ucluclet oder Bamfield. West Coast Trail Unit: zu Fuß von Bamfield oder Port Renfrew (100 km von Victoria).

Einrichtungen: Long Beach Unit: Besucherzentrum, Trails, Picknickplätze, Informationstafeln, Campingplätze, Aussichtspunkte, Golfplatz. Broken Group Islands Unit: einfache Zeltplätze. Orte in der Umgebung: Unterkünfte (Juli/Aug. Reservierung empfohlen), Krankenhaus, Zahnarzt, Apotheke, Bank, Tankstelle, Supermarkt, Restaurants.

Naturbeobachtungen: Seelöwen, Robben, Grauwale (v. a. März/April), See-, Küsten- und Waldvögel; Regenwald.

Freizeitaktivitäten: Wandern, Kanu- und Kajakfahren, Zelten, Golf, Tauchen, Angeln, Surfen, Schwimmen.

Zu beachten: 1. Warnung vor schadstoffbelasteten Schalentieren. 2. Mehr als 300 kleine Erdbeben jährlich, die man jedoch meist nicht bemerkt.

Oben: *Das Sonnenlicht dringt nur gelegentlich durch den dichten Wald aus riesigen Hemlocktannen und Sitkafichten.*

Rechts: *Pilze gedeihen dank der feuchten Umgebung auf dem Waldboden prächtig.*

etwas Glück bekommt man vielleicht einen auffälligen Helmspecht, den größten Specht Kanadas, das zurückgezogen lebende Felsengebirgshuhn oder den winzigen Waldbaumläufer zu Gesicht. Säugetiere können sich in den dichten Wäldern gut verstecken, doch Maultierhirsche, Waschbären, Fischotter oder Rothörnchen lassen sich hin und wieder sehen. Unwahrscheinlich ist dagegen eine Begegnung mit Schwarzbären, Wölfen oder Pumas, die auch hier leben.

Bei einem Strandspaziergang lässt sich die Küste am besten erkunden. Bei Flut ist allerdings Vorsicht geboten – vor allem wenn es windig ist –, da die Wellen unerwartet hoch und weit reichend sein können. Bei ablaufendem Wasser bleiben an Landzungen zwischen den Steinen kleine Tümpel mit vielen Überraschungen zurück: Achten Sie auf Napfschnecken, Seepocken, Strandkrabben, Groppen und Seesterne. Während der Wanderzeit gehen Küstenvögel zwischen den Steinen auf

Das Niedrigwasser hat am Long Beach Treibholz zurückgelassen.

Nahrungssuche, vor allem Steinwälzer, Gischtläufer und Wasserläufer – die Florence Bay am Südende von Long Beach bietet bei Ebbe gute Erkundungsmöglichkeiten.

Broken Group Islands Marine Park

Der Broken Group Islands Marine Park ist Kanadas erster Meerespark und besteht aus mehr als hundert Inseln im Barkley Sound. Die Inselgruppe ist 60 km^2 groß und wurde Broken Group Island genannt, weil es so aussieht, als sei eine große Insel in viele kleine zerbrochen. Dieser Küstenabschnitt von Vancouver Island ist als »Friedhof des Pazifiks« bekannt, da Stürme, Nebel und starke Gezeitenströmungen vielen Schiffen zum Verhängnis wurden. Da die Inseln nicht erschlossen sind und weit vor der Küste liegen, lassen sie sich nur per Boot erreichen. Wegen der gefährlichen Gewässer ist eine gute Vorbereitung wichtig. Besucher, die den Park erforschen und hier zelten möchten, müssen Erfahrung mit dem Navigieren, mit Wetterbestimmung und im Überlebenstraining in der Wildnis mitbringen. Es gibt ein paar einfache Zeltplätze.

Der West Coast Trail

Für abenteuerlustige und gut trainierte Besucher ist eine Wanderung auf dem West Coast Trail das schönste Erlebnis im Pacific Rim. Der 75 km lange Weg folgt einer alten Telegrafenmastroute und wurde ursprünglich angelegt, um die Rettung Schiffbrüchiger zu erleichtern. Die anspruchsvolle Wanderung führt durch dichte, feuchte Wälder, an Stränden entlang sowie durch zahlreiche Bäche und Flüsse. Alle Wanderungen auf diesem Trail und die Benutzung von Zeltplätzen im Hinterland müssen vorher mit der Parkverwaltung abgesprochen werden. Der Zugang ist begrenzt, es wird mit Hilfe von Reservierungen nur eine bestimmte Zahl von Wanderern zugelassen.

Tiere und Pflanzen

Der Park ist Heimat von vielen Tieren und Pflanzen, doch der undurchdringliche Regenwald und der stürmische Ozean erschweren dem Besucher oft die Sicht.

Der Wasserläufer ist einer von vielen Küstenvögeln, die im Frühjahr und im Herbst der pazifischen Zuglinie folgen, die durch den Park führt.

Der Diademhäher ist ein lauter und auffälliger Vogel, den man anhand seiner Haube und seines dunkelblauen Gefieders leicht erkennt.

Sowohl an Land als auch auf dem Meer sind Vögel am leichtesten zu sehen. Es gibt über 250 Arten, doch nur ungefähr ein Fünftel davon brütet auch hier, die übrigen sind Zugvögel. Sterntaucher, Seetaucher und Meerenten verbringen hier den Winter, während die Küstenvögel meist im Frühjahr und Herbst zu sehen sind. Viele der am besten zu beobachtenden Brutvögel nisten an der Küste, darunter Meerscharben, Brandt's Kormorane, Klippenausternfischer und Schopflunde.

Bedrohung durch Holzfällerei

Der Pacific Rim National Park schützt die Region der Pacific Mountains, die von der Holzwirtschaft massiv bedroht wird, die die hohen, alten Bäume des Regenwalds fällen möchte. Der Park umfasst nur einen schmalen Streifen dieses Habitats, und da die meisten großen Landsäugetiere viel Platz benötigen, überschreiten sie regelmäßig die Grenzen des Parks und sind dann gefährdet. Long Beach Unit und West Coast Trail Unit sind nicht vollständig abgegrenzt und deshalb ökologisch nicht sicher. Sie werden von menschlichen Aktivitäten, vor allem von der immer näher heran rückenden Holzfällerei, bedroht. Die Broken Group Islands sind intakt und gesichert, durch die Schifffahrt jedoch der Gefahr einer Ölpest ausgesetzt. Die Auswirkungen der letzten Ölkatastrophe von 1989 sind bis heute zu spüren.

Rechts: *Das Hinterland des Parks bietet anspruchsvolle Wanderungen durch Regenwald und an Flüssen und einsamen Stränden entlang.* Unten: *Von Tofino in der Schooner Bay aus können Besucher die Küste unter Segel erkunden.*

Yoho National Park

Wasserfälle, Gletscher und Fossilien

»... und schneebedeckte Gipfel, alt und voll Geschichte.«
Alfred Lord Tennyson, »The Revenge«

Der 1886 gegründete Yoho National Park hat seit dieser Zeit seine Grenzen auf heute 1313 km² ausgedehnt. Er befindet sich östlich von Golden in British Columbia. Der Park ist dennoch der kleinste der vier benachbarten gebirgigen Nationalparks (die anderen sind Kootenay, Banff und Jasper), die zusammen von der UNESCO zum Weltnaturerbe erklärt wurden. *Yoho* (»Ehrfurcht«) ist der Name, den die Ureinwohner dem Park gaben, und er macht den Respekt deutlich, den die ersten Bewohner diesem Gebiet voller Naturschönheiten entgegenbrachten.

Die kontinentale Wasserscheide zieht sich durch den Park, und die Reise von Ost nach West führt über die hohen Berge und den Kicking Horse Pass durch ein breites Tal, das sich durch den Park erstreckt. Die Seitentäler, die zum Kicking Horse Pass führen, sind steil und schmal und besitzen zahlreiche Wasserfälle. Die großen Wapta- und Waputik-Eisfelder bedecken den nördlichen Teil des Parks; das Wasser dieser Gletscher taut zu beiden Seiten der Wasserscheide ab und fließt nach Westen in den Pazifik und nach Osten in die Hudson Bay.

Abseits ausgetretener Pfade

Der Yoho National Park liegt am viel befahrenen Trans-Canada Highway, und um seine Schönheiten zu entdecken, müssen Besucher in den Park hineinfahren. Eines der aufregendsten Naturschauspiele sind die Takakkaw Falls. Eine Straße windet sich das Yoho Valley hinauf und führt zum »Großartigen Wasserfall« – *Takakkaw* bedeutet in der Sprache der Cree »großartig«. Er ist mit 254 m einer der höchsten Wasserfälle Kanadas. Am Ende der Straße beginnen mehrere Wege, die weiter in den Park hineinführen sowie Wanderwege zu den Laughing Falls und den Twin Falls. Der Name *Wapta* (»fließendes Wasser«), den sowohl ein Gletscher als auch ein Wasserfall, ein See sowie ein Berg in dieser Region führen, bezeichnete bei den Cree ursprünglich den Kicking Horse River. Zu den Wapta Falls gelangt man über einen leichten, 2,4 km langen Wanderweg, doch den Gletscher, der abseits der angelegten Wege liegt, erreicht man nur im Rahmen einer größeren Wandertour ins Hinterland.

Im Gebiet des Lake O'Hara gibt es viele schöne Campingplätze und Wanderwege mit grandiosen Ausblicken auf die Berge. Während Wanderer in dieser öko-

Linke Seite: *Vom Lake O'Hara aus lässt sich die faszinierende Gebirgslandschaft von Yoho gut erkunden* (oben). *Außergewöhnliche Gesteinsformationen finden sich an den erodierten Felsen über dem Hoodoo Creek* (unten).

Oben rechts: *Der Kappenkleiber ist in Tälern mit Nadelwäldern beheimatet.*

Lage: Grenzt an die Westseite des Banff National Park und an den Trans-Canada Highway. Der Ort Field (im Park) liegt 55 km östlich von Golden (BC) und 27 km westlich von Lake Louise, Alberta.

Klima: Sehr wechselhaft, mit vielen örtlichen Gebirgseinflüssen. Sommer: Mitte Juni bis Mitte Sept. mit duchschnittlichen Höchsttemperaturen von 20 und Niedrigstwerten von 5 Grad. Über 1500 m sind Eis und Schnee im Sommer keine Seltenheit.

Reisezeit: Ganzjährig. Die meisten Einrichtungen jedoch nur von Mai bis Okt.; der größte Teil des Parks ist im Winter unzugänglich.

Anreise: Mit dem Auto auf dem Trans-Canada Highway. Der nächste internationale Flughafen ist Calgary, 210 km östlich.

Einrichtungen: Park: Trails, Aussichtspunkte, Picknick- und Campingplätze, Informationstafeln, Besucherzentrum. Im Ort Field: Post, Restaurants, Laden, Greyhound-Haltestelle, Lodges, Gästehäuser.

Naturbeobachtungen: Wildblumen (u.a. weiße Alpenrose, stängelloses Steinkraut); Kiefernhäher, Kolkraben; Wapitihirsche, Schneeziegen, Maultierhirsche.

Freizeitaktivitäten: Camping, Wandern (360 km Wanderwege), Bergsteigen, Kanu- und Kajakfahren, Mountainbiking, Reiten.

Zu beachten: 1. Der *Western Parks Annual Parks Pass* wird anerkannt. 2. Das Sammeln von Fossilien ist in allen Nationalparks verboten.

logisch gefährdeten Region willkommen sind, ist Fahrradfahren auf der Straße zum See nicht erlaubt, und der kommerzielle Busservice darf nur begrenzt verkehren.

The Burgess Shales

Nordwestlich von Field liegt mitten im Park die berühmte Fossilienstätte The Burgess Shales. Die Stätte, die heute innerhalb eines Sperrgebiets liegt, wurde 1909 von Charles D. Walcott, dem damaligen Direktor des Smithsonian Institute in Washington, D.C., während eines Reitausflugs entdeckt. Sie gilt als eine der bedeutendsten Fossilienstätten der Welt und wurde 1981 von der UNESCO zum Weltkulturerbe erklärt. Hunderttausende von Weichkörperfossilien wurden an dieser Stätte ausgegraben, einige sind älter als 500 Mio. Jahre und ermöglichten den Wissenschaftlern weitreichende Erkenntnisse über den Verlauf der Evolution. Mehr als 120 Fossilienarten wurden klassifiziert. Besucher können die Stätte im Rahmen einer geführten Tour besichtigen, die Funde werden in den Besucherzentren von Field und Lake Louise sowie am Emerald Lake ausgestellt. Am Emerald Lake kann man durch ein Fernrohr die Stätte betrachten, eine Ausstellung unter freiem Himmel veranschaulicht viele Fossilien-Entdeckungen, und ein Lehrpfad führt in einer Stunde rund um den See.

Engere Grenzen

Sowohl das Hinterland als auch die leichter zugänglichen Gebiete drohen unter der großen Besucherzahl Schaden zu nehmen. Auch das Abholzen des Waldes, der an den Park grenzt, belastet die Pflanzen und Tiere innerhalb des kleinen Parks. Der Park wurde kürzlich sogar verkleinert, um das Abholzen einiger Waldstücke zu ermöglichen, die ursprünglich innerhalb der Parkgrenzen lagen.

Oben: *Die eindrucksvollen Takakkaw Falls sind die höchsten Wasserfälle in den Rocky Mountains.*

Rechts: *Der glatte Emerald Lake ist ein idyllisches Terrain für Kanuten. Motorboote sind auf dem See nicht gestattet.*

Mount Revelstoke & Glacier National Parks

Der Gipfel und der Pass

»Es gab eine Zeit, als keine Eisenbahn fuhr in diesem Land,
als nur das raue, majestätische Gebirge gegen die Sonne stand.«
Gordon Lightfoot, »Canadian Railroad Trilogy«

Der Mount Revelstoke National Park und der Glacier National Park liegen innerhalb des Ökosystems der Columbia Mountains und zwischen den Städten Golden und Revelstoke. Der Mount Revelstoke National Park wurde 1914 gegründet und ist mit 260 km² einer der kleinsten Gebirgsparks. Der Park wurde eingerichtet, um den drohenden Bau einer Straße zum Gipfel des Mount Revelstoke, zu dem bereits ein beliebter Wanderweg führte, zu verhindern. Der Glacier National Park ist mit 1349 km² mehr als fünfmal so groß. Die Hälfte seiner Fläche liegt oberhalb der Baumgrenze, und ein Zehntel davon ist von Gletschern bedeckt. Der Park wurde 1886, zur selben Zeit wie der Yoho National Park, gegründet, um Besucher anzulocken, die mit der Eisenbahn durch die Berge fahren und die unvergleichliche Aussicht genießen sollten. Glacier und Revelstoke bieten beide steile Berge, abgeschiedene Täler, unzählige Gletscher, Wasserfälle und Pfade über Geröllfelder. Am Mount Revelstoke ist Bergsteigen sehr beliebt, und Glacier schützt eines von Kanadas größten Höhlengebieten, die Nakimu Caves, wo sich ausgezeichnete Möglichkeiten zum Erforschen von Höhlen, unterirdischen Grotten und Gängen bieten.

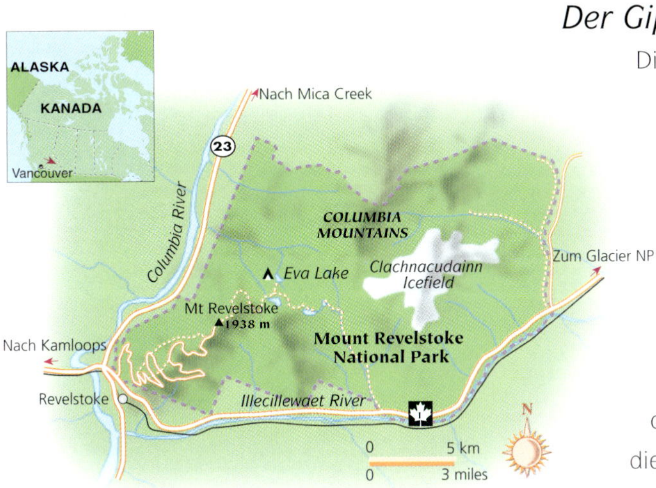

Der Gipfel

Die Straße zum Gipfel des Mount Revelstoke, der Meadows-in-the-Sky Parkway von 26 km Länge, ist die einzige Straße innerhalb von Kanadas Nationalparks, auf der Besucher mit dem eigenen Auto über die Baumgrenze hinaus bis zu den subalpinen Wiesen direkt unterhalb des Gipfels fahren dürfen. Auch wenn der Mount Revelstoke mit 1938 m nicht sehr hoch ist, kann man hier gut beobachten, wie sich die Vegetation mit zunehmender Höhe verändert: In den tiefen Tälern beginnt es mit saftig-grünen, alten Wäldern mit Zedern und Fichten (einige Zedern am Giant Cedars Nature Trail sind 1000 Jahre alt); es folgen subalpine Wälder, Bergwiesen und Tundra. Den unterschiedlichen Höhenlagen entsprechend sind hier als Vertreter der Vogelwelt diverse Meisenarten (z. B. Schwarzkopfmeise), Dickichtwaldsänger, Felsengebirgshuhn, Schwarz-

Oben rechts: *Auf dem Skunk Cabbage Nature Trail im Mount Revelstoke Park lassen sich die Sumpfgebiete der tiefen Täler erkunden.*

Lage: Beide Parks am Trans-Canada Highway, zwischen Golden und Revelstoke (BC).

Klima: Viel Regen und schwere Schneefälle, gemäßigte Temperaturen im Winter. Wettervorhersage schwierig. Glacier Park: niedrigere Durchschnittstemperatur sowie mehr Regen im Sommer und mehr Schnee im Winter als im Revelstoke Park.

Reisezeit: Ganzjährig. Die meisten Einrichtungen sind jedoch nur von Mai bis Okt. geöffnet.

Anreise: Auf dem Trans-Canada Highway. Mt. Revelstoke: Die Stadt Revelstoke liegt 410 km westlich von Calgary, 575 km östlich von Vancouver. Glacier: Besucherzentrum am Rogers Pass Summit 342 km von Calgary und 643 km von Vancouver entfernt. Die nächsten Städte: Golden, 80 km östlich, und Revelstoke, 72 km westlich; beide werden von Privatmaschinen angeflogen.

Einrichtungen: Beide Parks: Picknick- und Campingplätze, Trails, Aussichtspunkte. Revelstoke: landschaftlich schöne Strecke (im Sommer) zum Gipfel des Mt. Revelstoke (ein Bus fährt Besucher die letzten 2 km). Parkstraße Juli bis Okt. geöffnet. Glacier: zwei Campingplätze (80 Pl.). Tankstelle und Geschäft am Rogers Pass. Unterkunft am östlichen Parkeingang.

Naturbeobachtungen: Biber, Wapiti, Weißwedelhirsch, Bisamratte; seltener Grizzlys, Murmeltiere.

Freizeitaktivitäten: Wandern, Picknicken, Camping, Skilanglauf, Schneeschuhgehen, Bergsteigen und Höhlen erforschen.

Zu beachten: 1. Der *Western Parks Annual Parks Pass* wird anerkannt. 2. Lawinengefahr.

Oben: *Der Igelkraftwurz gedeiht auf feuchtem Waldboden.*

segler, Dreizehenspecht, Fichtentyrann, Sperbereule und in der Nähe des Gipfels Steinadler, Weißschwanzschneehuhn, Pazifischer Wasserpieper und Rosenbauchschneegimpel beheimatet.

Der Gebirgspass

Der Rogers Pass ist nach Major A. B. Rogers benannt, der 1882, als er die Strecke für die transkontinentale Eisenbahn vermaß, zuerst entdeckte, dass dieser Pass der lang gesuchte Weg durch die Selkirk Mountains sein könnte. Die erste Passagiereisenbahn nahm 1886 ihren Dienst auf, doch die steilen Berghänge und schweren Schneefälle hatten viele Lawinen zur Folge. Es war daher schwierig, den Bahnverkehr über den Pass aufrechtzuerhalten. Nach einem Lawinenunglück im Jahr 1910, das 62 Menschenleben forderte, beschloss man den Bau des Connaught Tunnels. 1962 wurde der Trans-Canada Highway durch den Tunnel geführt, um die Fahrt über den Pass sicherer zu machen. Im Winter ist der Highway jedoch häufig gesperrt, um den kontrollierten Abgang von Lawinen zu ermöglichen.

Bergsteigen und Höhlenforschung

Der Mount Revelstoke bietet ausgezeichnete Möglichkeiten für Bergsteiger auf unterschiedlichem Grund – Fels, Schnee und Eis – sowie in allen Schwierigkeitsgraden, vor allem jedoch mittelschwere Strecken. Im Glacier Park mit den ausgedehnten Nakimu Caves können unterirdische Höhlen, Grotten und Gänge erforscht werden, die sich auf einer Länge von 5,9 km erstrecken.

Tiere brauchen Platz

Beide Parks schützen wichtige Bereiche des Ökosystems der Columbia Mountains, doch keiner von beiden ist groß genug, um großen Säugetierarten wie Grizzlybär und Karibu, die viel Platz benötigen und sich auch außerhalb des Parks aufhalten, den nötigen Lebensraum zu bieten. Diese Arten sind deshalb durch das Abholzen von alten Wäldern außerhalb der Parkgrenzen unmittelbar bedroht.

Unten Mitte: *Der Giant Cedar Nature Trail führt zwischen Bäumen hindurch, die über 1000 Jahre alt sind.*

Unten links: *Die Schwarzkopfmeise ist eine von vier Spezies, die man in den höheren Lagen der Region entdecken kann.*

Links: *Der Avalanche Mountain ist nach heftigen Schneefällen im Winter ein imposanter Anblick.*

Unten: *Gletscherlilien verleihen dem Roger's Pass im Frühjahr Farbe.*

KOOTENAY NATIONAL PARK

Marmorschluchten, Farbtöpfe und heiße Quellen

»Ich habe mich nach einem Ort gesehnt, wo die Quellen nie versiegen.«
Gerald Manley Hopkins

Lage: Grenzt im Nordosten an den Banff National Park, im Osten an den Assiniboine Provincial Park und im Nordwesten an den Yoho National Park.

Klima: Sehr wechselhaft. Sommer: Mitte Juni bis Mitte Sept. mit Temperaturen ziwschen 20 und 5 Grad. Über 1500 m kann es auch im Sommer frieren und schneien.

Reisezeit: Ganzjährig. Viele Einrichtungen jedoch nur von Mai bis Sept. geöffnet. Hauptsaison Juli/Aug., Reservierung bei Unterkünften ratsam.

Anreise: Auf dem Hwy 93, der vom Trans-Canada Highway abzweigt. Radium ist von Banff 132 km, von Lake Louise 131 km und von Calgary 163 km entfernt.

Einrichtungen: Trails, Informationstafeln, Besucherzentren, Laden, Aussichtspunkte, Campingplätze. Radium Hot Springs ganzjährig geöffnet, doch Öffnungszeiten und Eintrittspreise variieren je nach Jahreszeit.

Naturbeobachtungen: Im Kootenay und Vermillion Valley von der Straße aus: Schneeziege, Wapitihirsch, Dickhornschaf (nahe der Radium Hot Springs), Weißwedel- und Maultierhirsch. Seltener: Elch, Kojote, Schwarzbär. Vogelbeobachtung besonders gut im Juni/Juli.

Freizeitaktivitäten: Wandern, Trekking, Naturfotografie, Kanu- und Kajakfahren, Bergsteigen, Reiten, Schwimmen, Floßfahren, Mountainbiking, Langlauf, Winterzelten, Schneeschuhlaufen.

Zu beachten: *Western Parks Annual Parks Pass* wird anerkannt.

Der Kootenay National Park umfasst ein Gebiet von 1406 km² und erstreckt sich auf einer Breite von je 16 km zu beiden Seiten des Banff-Windermere Highway, der über den Vermilion Pass und durch das Kootenay Valley führt. Der Park wurde 1920 gegründet und ist der jüngste der vier zusammenhängenden Gebirgsparks, die gemeinsam von der UNESCO zum Weltnaturerbe erklärt wurden (die anderen sind Yoho, Banff und Jasper). *K'tunaxa* (später anglisiert zu Kootenai) bedeutet entweder »Menschen von hinter den Bergen« oder »Menschen des Wassers«; so wurden nämlich die Bewohner dieser Gebirgsregion von den Blackfoot-Indianern der Western Plains genannt. Im Park gibt es viel zu sehen, darunter malerische Schluchten aus Kalkstein, die von rauschenden Wasserfällen gespeist werden, sowie die heilige Stadt Radium Hot Springs, ein traditioneller Versammlungsplatz der Kootenai. Heute entspannen sich hier die Parkbesucher in den wohltuenden Quellen.

Zugänglicher Gebirgspark

Der Banff-Windermere Highway (93) windet sich von Norden nach Süden durch den gesamten Park. Auf 94 km Länge führt er über den Vermilion Pass, durch das Vermilion River Valley am Kootenay River entlang. Zahlreiche Attraktionen liegen direkt an der Straße, so der Gipfel des Vermilion Pass, an dem der Fireweed Trail beginnt. Richtung Süden liegt am Ende eines 800 m langen Wegs der Marble Canyon, eine Kalksteinschlucht mit einem lebhaften Wasserfall. Nicht weit davon leuchten die *Paint Pots* (»Farbtöpfe«) – eisenhaltige Mineralwässer, die in kleinen Quelltöpfen brodeln und den umliegenden Boden rot färben. Am Ende des 1,5 km langen Trails liefern Hinweistafeln Erklärungen zu den *Paint Pots*. Am Kootenay Valley Viewpoint hat man einen herrlichen Panoramablick über das Tal vor den Gebirgszügen Mitchell Range und Vermilion Mountain Range. In der Nähe von Radium Hot Springs kann man auf dem Plankenweg des Clear Lake Trail einen Spaziergang um den hübschen, klaren, von einer Quelle gespeisten See machen.

Linke Seite:
Im Boom Lake spiegelt sich das Panorama des Kootenay Valley (oben).
Maultierhirsche gehören zu den Huftieren, die man manchmal in den Tälern entlang der Straße weiden sieht (unten links).
Schneeziegen bevorzugen ein steiles Terrain (unten rechts).

Oben rechts: *Eisenhaltige Mineralquellen färben die kleinen Teiche, die* Paint Pots *(»Farbtöpfe«) genannt werden, rot.*

Rechts: *Ein Pfad führt Besucher zu den schäumenden Gewässern des Marble Canyon, einer Kalksteinschlucht.*

Unten: *Fischotter jagen in den Seen und Waldbächen, doch man bekommt sie nur selten zu Gesicht.*

Radium Hot Springs

Die beliebteste Attraktion im Kootenay National Park ist der Ort Radium Hot Springs. Die heißen Quellen, die dem Ort den Namen gaben, enthalten tatsächlich Spuren von Radium, doch in so geringen Mengen, dass sie ungefährlich sind. Die Quellen sind den Kootenay seit alters her heilig und sehr beliebt bei den Besuchern des Parks, die sich entspannen und von den Strapazen des Alltags erholen möchten. Zum Baden gibt es ein Becken mit sehr heißem Wasser (40 °C) sowie einen kühleren Swimmingpool.

Rechts: *Die mineralischen Ablagerungen in den* Paint Pots *färben den umliegenden Boden rot.*

Gefährdungen

Der Kootenay National Park schützt Teile der westlichen Rocky-Mountain-Region. Die ökologische Stabilität dieses lang gezogenen und viel besuchten Parks (1,5 Mio. Besucher pro Jahr) ist stark gefährdet. Wilderei, ein viel zu hohes Besucheraufkommen, Wildschäden durch Autounfälle, intensive Holzfällerei an den Grenzen des Parks sowie die (in der Regel zufällige) Ansiedlung fremder Pflanzenarten bereiten den Naturschützern große Sorgen.

Gwaii Haanas National Park Reserve Haida Heritage Site

Inseln der Wunder und der Schönheit

»Geschichten, wunderbare Geschichten von Inseln, wo gute Menschen sich ausruhen.«
James Flecker

Die Gwaii Haanas National Park Reserve besteht aus einer Gruppe von 138 Inseln am südlichen Ende der Queen Charlotte Islands, die sich auf einer Länge von mehr als 90 km erstrecken. Obwohl die Inseln einen von Europäern gewählten Namen tragen (Charlotte war die Frau des englischen Königs George III.), sind diese 138 Inseln bei den Haida, den Ureinwohnern, unter dem Namen *Gwaii Haanas*, »Inseln der Wunder und der Schönheit«, bekannt. Die Haida bewohnen diese herrlichen Inseln bis heute. In den 1980er-Jahren kämpften Umweltschützer darum, dass die Inseln unter Naturschutz gestellt wurden. 1987 führten ihre Aktionen, über die weltweit berichtet wurde, zu einer Vereinbarung zum Schutz der Gwaii Haanas sowie des umliegenden Ozeans auf einer Fläche von 3400 km². Die Inseln werden nicht erschlossen und nicht ausgebeutet und bieten Naturerlebnisse, die selbst in Kanada ihresgleichen suchen.

Oben rechts: *Die beeindruckenden Totempfähle aus Zedernholz auf Sgan Gawaii wurden von den Haida, den Ureinwohnern der Inseln, errichtet und zählen heute zum Weltkulturerbe.*

Die kanadischen Galapagos-Inseln

Die Queen Charlotte Islands sind vom übrigen British Columbia relativ weit entfernt, und es gibt Hinweise, dass ein Teil von ihnen während der letzten Eiszeit der Gletscherbildung entgangen ist. Flora und Fauna zeigen daher Besonderheiten: Einige Spezies, die auf dem Festland heimisch sind, existieren hier nicht, während andere spezielle Unterarten ausgebildet haben. Es gibt sieben verschiedene Säugetierarten, darunter die größten Varianten von Schwarzbär und Fichtenmarder sowie das auffällige Kurzschwanzwiesel. Auch Vögel haben sich hier anders entwickelt, z. B. Sägekauz, Diademhäher und Haarspecht. Auf dem Archipel gibt es tief eingeschnittene Fjorde, über denen die San Cristobal Mountains eine Höhe von 1123 m erreichen. An den unteren Hängen findet sich einer der schönsten alten Regenwälder der Pazifikküste. Fast eine Million Seevögel nisten auf den Gwaii Haanas, darunter Silberalk, Nashorn-, Schopf- und Hornlund sowie Wellenläufer. Auch die Meeresgewässer sind sehr tierreich. Grauwale wandern im Frühjahr gen Norden, und auch Orcas, Buckel- und Finnwale werden häufig gesichtet. Außerdem gibt es eine große Kolonie von Stellerschen Seelöwen.

Lage: Im südlichen Teil von Haida Gwaii (Queen Charlotte Islands); eine abgelegene Inselgruppe vor der Küste von British Columbia, 640 km nördlich von Vancouver (BC).

Klima: Mai bis Sept. kühl, relativ trocken und sonnig, Mitte Aug. beginnt die Regenzeit. Im Westen regnerischer als im Osten (bis zu 800 cm Niederschlag pro Jahr). Durchschnittstemperatur im Aug. 14,5 Grad. Juli bis Okt. häufig Seenebel. Starke, kaum vorhersehbare Winde. Wetter wechselhaft; plötzlich aufkommende Stürme.

Reisezeit: Ganzjährig. Die meisten Besucher kommen jedoch im Sommer.

Anreise: Mit dem Flugzeug: tgl. Flüge von Vancouver nach Sandspit. Regelmäßig Flüge zwischen Prince Rupert und Inselstationen. Charterverkehr von Wasserflugzeugen und Hubschraubern in Sandspit, Queen Charlotte und Masset. Fähre zwischen Graham und Moresby Islands (20 Min.). BC Ferrys zwischen Queen Charlotte Islands und Prince Rupert.

Einrichtungen: Keine im Park selbst. Inselorte: Unterkünfte, Museum, medizinische Versorgung, Apotheke, Polizei, Bank, Tankstelle, Läden, Restaurants.

Naturbeobachtungen: Seevögel (vor allem auf Bootsausflügen), Meeressäuger.

Freizeitaktivitäten: Bootsausflüge, Kanu- und Kajakfahren, Naturfotografie.

Rechts: *Der Principe Channel ist einer von vielen Wasserwegen, die seit Jahrhunderten die Durchfahrt zwischen den Inseln ermöglichen – vorausgesetzt, das Wetter lässt dies zu.*

Die Haida

Versorgt von den Reichtümern ihrer Umwelt leben die Haida seit Hunderten von Generationen auf den Inseln. Sie besaßen einen sesshaften Lebensstil und entwickelten eine komplexe Gesellschaft mit einzigartigen Gebräuchen, Traditionen und künstlerischem Schaffen. Die Haida errichteten prächtige Totempfähle aus Zedernholz mit kunstvollen Darstellungen ihrer Familiengeschichten und bauten Kanus aus Holz, mit denen sie die tückischen Gewässer meisterten. 1981 wurden die Totempfähle auf Sgan Gawaii zum Weltkulturerbe erklärt. Die Haida hatten sich zwar das Meer und das Land untertan gemacht, doch gegen die von den Europäern eingeschleppten Krankheiten wie Pocken und Tuberkulose waren sie machtlos. Doch obwohl viele von ihnen starben, haben die Haida als Gruppe überlebt, und ihre Nachfahren konnten ihre Kultur ins neue Jahrtausend hinüberretten.

Meeressäuger fühlen sich in den fischreichen Gewässern der Inselgruppe sehr wohl. Grauwale (unten) *ziehen im Frühjahr auf ihrem Weg nach Norden hier vorbei, während die Stellerschen Seelöwen* (rechte Seite, unten) *das ganze Jahr über hier leben.*

Unterwegs auf den Gwaii Haanas

Die Reise zu den Inseln und von Insel zu Insel ist gar nicht so einfach. Am besten ist es, die Dienste der örtlichen Führer in Anspruch zu nehmen. Von Individualreisen wird abgeraten. Wer allein auf den Gwaii Haanas unterwegs ist, muss wissen, dass er sich in abgelegene Regionen begibt, wo bei Notfällen Hilfe weit weg ist. Gute Planung, Ortskenntnisse und Erfahrung sind Voraussetzung. Wenn Sie diesbezüglich Zweifel haben, sollten Sie mit einem ausgebildeten Führer reisen. Individualreisende müssen im Vorwege eine Reservierung vornehmen oder einen Platz auf der Warteliste ergattern. Zusätzlich zu den Reservierungen gibt es täglich sechs Wartelistenplätze, die im Besucherzentrum in Queen Charlotte um 8 Uhr morgens an diejenigen vergeben werden, die zuerst erscheinen. Wenn Sie per Warteliste reisen, sollten Sie bei Ihrer Reiseplanung Wartezeit einkalkulieren. Alle Besucher auf den Gwaii Haanas müssen sich für jede Tour anmelden.

Eine 90-minütige Einführung ist für alle Besucher der Gwaii Haanas, der Skedans und T'aanuu Pflicht. In der Einführung geht es um öffentliche Sicherheit, um Camping, Gefahren, das Natur- und Kulturerbe sowie um das Haida Gwaii Watchmen Program. Haida Gwaii Watchmen sind Führer, die die Sehenswürdigkeiten in K'una (Skedans), T'aanuu (Tanu), Hlk'yaah (Windy Bay), Gandl'kin (Hotspring Island) und Skung Gwaii (Anthony Island) bewachen. Ihre Camps wurden an Plätzen von kultureller und landschaftlicher Bedeutung errichtet. Die Haida Gwaii Watchmen vermitteln Besuchern die Haida-Kultur aus erster Hand und sind in Notfällen behilflich.

Empfindliches Gleichgewicht

Die Gwaii Haanas National Park Reserve schützt die Pacific Coast Mountains, die Hecate Strait und das Queen Charlotte Islands Shelf. Trotz dieses Schutzes und der begrenzten Besucherzahlen ist das einheimische Ökosystem auf einigen Inseln durch eingeführte Säugetiere (z. B. Waschbären, Biber und Rotwild) bedroht. Das Überfischen der Küstengewässer und zu viele Camper (und deren Hinterlassenschaften) gefährden das empfindliche Habitat ebenfalls. Der Park ist noch ein vorläufiges Schutzgebiet, da das Verfahren, in dem der Landbesitz der Haida verhandelt wird, noch anhängig ist. Das Gebiet wird momentan von der Verwaltung Parks Canada als National Park Reserve und vom Rat des Haida-Volkes als Haida Heritage Site verwaltet. Derzeit teilen sich alle Beteiligten Planung, Verwaltung und Durchführung, bis die Provinz British Columbia in diesem Fall entschieden hat.

Garibaldi Provincial Park

Whistlers »wilder« Nachbar

»Der Trail ist eine Bühne, auf der jedes Schauspiel der Wildnis, ob Burleske, Tragödie oder Komödie, aufgeführt wird.«
Grey Owl (Wa-sha-quon-asin)

Der Garibaldi Provincial Park wurde 1920 gegründet und ist einer der ältesten Provinzparks in Kanada. Er liegt nördlich von Vancouver, der größten Stadt in British Columbia und dem drittgrößten Stadtgebiet von ganz Kanada. Der Park bedeckt eine Fläche von 1950 km², und obwohl er in der Nähe des mondänen Skiorts Whistler liegt, hat er sich die Atmosphäre von Abgeschiedenheit bewahrt, da das Parkinnere nur zu Fuß erreichbar ist. Die alpine Wildnis des Parks ist so relativ unbeschädigt geblieben. Sportlichen Urlaubern bieten sich mit Berggipfeln, Gletschern, Bergwiesen und glasklaren Seen fantastische Möglichkeiten.

Mit Wander- und Skistock

Die beliebtesten und am besten zugänglichen Regionen des Parks liegen in der Nähe des Highway 99, dem Sea to Sky Highway, im Westen des Parks. Der Diamond Head befindet sich im südwestlichen Teil des Parks, zu dem auch der Mount Garibaldi gehört. Er ist Ausgangspunkt für viele Wander- und Mountainbikewege sowie Langlaufloipen, die zu ausgewiesenen Zeltplätzen führen. Der Garibaldi Lake liegt in der Mitte des Parks und ist über Wanderwege von einem Parkplatz am Rubble Creek zu erreichen. Den Weg dorthin säumen eindrucksvolle Formationen wie der Black Tusk, die Panorama Ridge, der Helm Glacier, die Sphinx und die Castle Towers. Viele Besucher wandern zum Garibaldi Lake, übernachten im Zelt und besteigen am nächsten Morgen den Gipfel des Black Tusk (»schwarzer Zahn«, 2315 m).

Weiter im Norden führen viele Wege zum Singing Pass mit herrlichen Ausblicken. Die Berge und Gletscher, die den Wedgemount Lake umgeben, sind bei Bergsteigern sehr beliebt; es ist eines der schwierigsten Klettergebiete des Parks. Im Winter unternehmen (meist) einheimische Skifahrer anspruchsvolle Skiwandertouren auf Trails, die fantasievolle Namen tragen wie die »Speerspitzen-Traverse« oder die »Musikalischen Hubbel«.

Das Brackendale Eagle Reserve

Jeden Herbst versammeln sich Tausende von Weißkopfseeadlern aus dem südlichen British Columbia entlang des Squamish River außerhalb des Garibaldi Provincial Park und gehen auf Jagd nach laichenden Lachsen. Der Squamish River und seine Nebenflüsse, der Cheakamus

Linke Seite: *Die Shannon Falls kann man vom Sea to Sky Highway aus sehen, der im Westen am Park vorbei führt.*

Oben rechts: *Diese Nieswurzart ist eine der vielen Wildblumen im Park, die vor allem im August wunderschön blühen.*

Lage: In den Küstengebirgen im Südwesten British Columbias.

Klima: Kurze, warme Sommer und lange schneereiche Winter. In den Bergregionen bleibt der Schnee von Nov. bis Ende Juli liegen; die höheren Gipfel sind das ganze Jahr über vereist. Das Wetter ist wechselhaft und kann sich schnell ändern. Hohe Niederschlagsmengen pro Jahr: In der Region am Diamond Head im Winter bis zu 1,50 m Schnee.

Reisezeit: Hochsaison Ende Juli bis Anfang Sept., dann sind die Schneefelder geschmolzen. Skiläufer kommen im Winter, oft um sich per Helikopter zum Pulverschneefahren fliegen zu lassen (nur mit Genehmigung).

Anreise: Eingang zum westlichen Teil des Parks über den Hwy 99 nördlich von Vancouver. Der südlichste Eingang bei Squamish liegt 75 km nördlich von Vancouver. Der nördlichste Parkplatz liegt auf der Ostseite des Hwy 99, 13 km nördlich von Whistler. Der abgelegene Ostteil des Parks ist auf Forststraßen zugänglich, die von Mount Currie, östlich von Pemberton, nach Süden führen.

Einrichtungen: Park: Trails, Zeltplätze im Hinterland, Picknickplätze. Nahe gelegene Orte Squamish, Whistler und Pemberton: Unterkünfte, Restaurants, Läden, Tankstellen, medizinische Hilfe.

Naturbeobachtungen: Alpine Wildblumen, vor allem im Aug. Am Squamish River im Winter viele Weißkopfseeadler.

Freizeitaktivitäten: Wandern, Fischen, Langlauf, Abfahrtslauf, Mountainbiking, Naturfotografie.

Zu beachten: Sie sollten Ihre Fähigkeiten und Grenzen kennen, besonders, wenn Sie allein unterwegs sind.

Mit seinem 2315 m hohen Kegel ist der Black Tusk eines der herausragenden Kennzeichen des Garibaldi Provincial Park.

und der Mamquam, haben zahlreiche flache Kiesbetten, die die laichenden Lachse sehr schätzen. Jeden Herbst kommen 35 000 Lachse hierher, um sich zu paaren, Eier zu legen und dann zu sterben. Durch den ausgleichenden Einfluss der nahe gelegenen Strait of Georgia frieren die Flüsse im Winter nicht zu und bieten den Weißkopfseeadlern, die auf den hohen Pappeln entlang der Flüsse nisten, reichlich Nahrung. In jüngster Zeit wurden 3500 der majestätischen Raubvögel gleichzeitig gezählt. Durch Druck auf die Provinzregierung konnte die Einrichtung der 550 ha großen Brackendale Eagle Reserve erreicht werden.

Blick in die Zukunft

Die Regierung von British Columbia hat in der Vergangenheit mehr Provinzparks als jede andere Provinzregierung Kanadas gegründet. Und auch wenn der Status eines Provinzparks nicht den gleichen Schutz gewährt wie ein Nationalpark, ist man doch bemüht, die ausgewiesenen Gebiete vor größerer Ausbeutung durch den Menschen zu bewahren. Allerdings könnte die intensive Nutzung der Ressourcen im Hinterland des Parks größere Umweltschäden zur Folge haben, wenn die Besucherzahl nicht eingeschränkt wird. Auch verringert die Erwärmung der Erdatmosphäre Größe und Dicke der

Gletscher im Park. Die Folgen für Flora und Fauna sind noch nicht absehbar. Das Überfischen von Lachs im Pazifik führt außerdem dazu, dass weniger Lachse im Squamish River laichen, was wiederum Auswirkungen auf die Population der Weißkopfseeadler haben wird.

Rechts oben: *Der Garibaldi Lake im Herzen des Parks ist ein beliebter Ausgangspunkt für Wanderer, die hier zelten können.* Rechts Mitte und unten: *Weißkopfseeadler versammeln sich jeden Herbst zu Tausenden am Squamish River. Sie ernähren sich von den Lachsen* (unten), *die hierher wandern, um auf den Kiesbetten zu laichen.*

PRÄRIE-PROVINZEN

Die Kanadier fassen die Provinzen Alberta, Saskatchewan und Manitoba unter dem Namen Prärieprovinzen (*Prairie Provinces*) zusammen. Die Bezeichnung ist jedoch irreführend, weil nur das südliche Drittel des Gebiets tatsächlich aus Prärie besteht. Der Name erklärt sich daraus, dass die meisten Menschen dieser Region in den Städten des Graslandgürtels (*Grasslands*) an der Grenze zu den USA leben. Fast die Hälfte der Fläche dieser Provinzen ist von Wald bedeckt, im Westen ragen die Rocky Mountains auf, und im Nordosten liegt die Subarktis. Von den unterschiedlichen Landschaftsformen der Staaten war das Grasland dem stärksten Wandel unterworfen; Landwirtschaft und Viehzucht haben die Landschaft verändert oder zerstört. Nur sehr wenig ursprüngliches Grasland ist intakt geblieben, Teile davon sind mittlerweile jedoch geschützt.

Diese Region Kanadas beherbergt den meistbesuchten und ältesten Nationalpark (Banff), den größten Park (Wood Buffalo) sowie den Favoriten des Autors (Prince Albert). Sie hat zudem die größte Vielfalt an Landschaftsformen zu bieten: Grasland (Grasslands National Park), Gebirgszüge (u. a. Waterton Lakes), Vorgebirge (Cypress Hills), Ödland (Dinosaur Provincial Park), Espen-Parklandschaft (Elk Island) und borealen Wald (Riding Mountain). Es gibt historische Stätten, die Geschichten erzählen, die untrennbar mit dem Wesen des Landes verbunden sind, z. B. Head-Smashed-In Buffalo Jump und der Dinosaur Provincial Park in Alberta, Fort Walsh in Saskatchewan und Lower Fort Garry in Manitoba.

Eine große Zahl unterschiedlicher Pflanzen und Tiere spiegelt die verschiedenen Lebensräume wider. Zu den besonderen Tieren zählen die Schreikraniche von Wood Buffalo, die Schwarzschwanz-Präriehunde der Grasslands, die Belugawale von Churchill und die Wölfe von Riding Mountain und Prince Albert.

PRINCE ALBERT NATIONAL PARK

Kanadas typische Landschaft

»Der Ajawaan Lake ist ein kleiner tiefer See und schimmert wie ein Tropfen Quecksilber inmitten von bewaldeten Hügeln, die in langen Wellen nach Norden bis zum Arktischen Meer rollen.«
Grey Owl (Wa-sha-quon-asin)

Der Prince Albert National Park steht stellvertretend für die ursprüngliche kanadische Wildnis. Der 1928 gegründete Park umfasst eine Fläche von 3 875 km² und ist der größte Park innerhalb der Taiga-Region (die anderen Parks sind Wood Buffalo, Riding Mountain, Pukaskwa, La Mauricie, Nahanni, Georgian Bay Islands und Algonquin Provincial Park). Obwohl eine Straße von den nahe gelegenen Orten Saskatoon und Prince Albert zum Park führt, besteht der Park selbst aus nahezu unberührter Wildnis. Möchte man jenseits des leicht zugänglichen Gebiets die Taiga erforschen, muss man wandern oder paddeln. Die Landschaft besteht aus den scheinbar endlosen Wäldern, Seen und Flüssen des Kanadischen Schilds aus dem Präkambrium sowie aus borealen Ebenen, die die wahre Ausdehnung dieses Landes widerspiegeln. Die Durchquerung und Erforschung dieser Landschaft, ihre Erschließung und Ausbeutung haben die Geschichte und die Mythologie der Nation geprägt.

Linke Seite: *Der Wakesiu Lake im Osten des Parks wird von Wäldern mit Espen und Weißfichten gesäumt* (oben). *Kanadagänse brüten in der Nähe eines Gewässers. Die Arten im Norden sind kleiner als die Arten, die weiter im Süden leben* (links unten). *Der Boundary Bog Trail, einer von 16 angelegten Wegen im Park, durchquert nördlichen Nadelwald* (unten rechts).

Oben rechts: *Den auffälligen Kanada-Hartriegel entdeckt man entlang des Mud Creek Trail.*

Vorhergehende Seiten: *Offene Prärie mit wogenden Gräsern und Wildblumen bedeckte einmal den ganzen Süden der Region, existiert heute jedoch nur noch stellenweise* (Seite 42). *Nashornpelikane brüten an verschiedenen Stellen in der Region* (Seite 43).

Zugängliche Taiga

»Weit genug weg, um abgeschieden zu sein und doch in Reichweite derjenigen, deren Interesse groß genug ist, um sich auf den Weg zu machen.« So charakterisierte schon Grey Owl diese Gegend. Eine ideale Möglichkeit, den Park zu erforschen, besteht darin, einem der 16 Wander- oder Naturlehrpfade zu folgen, die durch die verschiedenen Habitate des Parks führen und zusammen 160 km lang sind.

Der Treebeard Trail führt durch einen alten Wald mit Weißfichten und Balsamtannen, von denen einige zu den höchsten Bäumen des Parks zählen. Bartähnliche Flechten hängen von immergrünen Ästen, und Bodenzedern oder Kriechfichten bedecken den Waldboden. Es gibt hier Helmspechte und Schwarzspechte, und mit etwas Glück entdeckt der Besucher sogar einen Bartkauz. Der

Lage: 60 km nördlich der Stadt Prince Albert, Saskatchewan. Mit dem Auto: 228 km von Saskatoon, 809 km von Winnipeg und 843 km von Calgary.

Klima: Lange, kalte Winter, warme Sommer, angenehme Temperaturen im Frühjahr und Herbst. Niederschlagsmenge pro Jahr 40 cm, ein Drittel davon als Schnee.

Reisezeit: Ganzjährig. Die meisten Einrichtungen sind jedoch nur von Mai bis Sept. geöffnet. Hochsaison Juli/Aug., rechtzeitige Reservierung der Unterkunft ratsam.

Anreise: Flughafen in Saskatoon, Autoverleih in Saskatoon und Prince Albert.

Einrichtungen: Park: Besucherzentrum mit Naturbuch-Laden, Openair-Tribüne für Vorträge, Camping- und Picknickplätze, Informationstafeln, Trails. Im Ort Waskesiu: Unterkünfte (Motels, Hütten), Restaurants, Museum, Tankstelle. Medizinische Versorgung in Prince Albert.

Naturbeobachtungen: Besonders gut lassen sich Säugetiere entlang des *Scenic drive* zu The Narrows beobachten. Achten Sie auf Schwarzbären, Maultierhirsche, Weißwedelhirsche, Elche, Rotfüchse, Biber. Überall lassen sich Vögel gut beobachten, besonders Nashornpelikane (im Sommer auf den meisten Seen); ihre Kolonie am Lavallee Lake (kein Zugang) ist die zweitgrößte in Nordamerika.

Freizeitaktivitäten: Wandern, Trekking, Radfahren, Tennis, Rasenbowling, Golf, Fahrten mit dem Schaufelraddampfer, Kanufahren, Schwimmen, Skilanglauf.

Zu beachten: Halten Sie sich von Tieren fern, auch in Stadtnähe.

Oben: *Vom Plankenweg des Boundary Bog Trail können Besucher die ungewöhnlich Flora und Fauna dieses wichtigen Habitats aus nächster Nähe beobachten.*

Rechts: *Der Height-of-Land Tower ermöglicht einen Blick aus der Vogelperspektive auf den Wald. Er liegt an einer Wasserscheide: Von hier fließt das Wasser gen Norden zum Churchill River und gen Süden zum Saskatchewan River.*

Boundary Bog Trail führt durch einen Mischwald und auf Planken über einen für die Taiga-Landschaft typischen Sumpf. Das Bleichmoos im Sumpf beherbergt Insekten fressende Pflanzen wie Trompetenblatt, Wasserschlauch und Sonnentaugewächse. Das Ufer des winzigen Yotin Lake ist gut geeignet, um nach brütenden Eistauchern und Schlammtretern sowie nach Libellen Ausschau zu halten. Der Mud Creek Trail führt am Ufer des Waskesiu Lake und des Mud Creek entlang; unterwegs wechseln sich Wälder mit Espen und Weißfichten ab. Neben Bibern und Fischottern sind hier auch Brutvögel (u. a. Connecticutwaldsänger, Weißkopfseeadler, Gürtelfischer) zu beobachten. Außerdem finden sich auf diesem Pfad viele Wildblumen (Moosglöckchen, Kanada-Hartriegel und Waldmeister).

Vielfalt in der Eintönigkeit

Auf den ersten Blick erscheint die Landschaft des Parks eintönig, doch bei näherem Hinsehen offenbart sich die unglaubliche Vielfalt von Lebensformen in den unterschiedlichen Habitaten. Auch wenn sich der Prince Albert National Park tatsächlich in der Taiga befindet, so liegt er doch an ihrem südlichen Rand, und innerhalb sei-

ner Grenzen finden sich auch Elemente anderer Habitate. Besonders bemerkenswert ist der Graslandausläufer mit Schwingelgras im Südwesten. Elche, Wapiti-, Weißwedel- und Maultierhirsche sind im Park weit verbreitet, und es streifen einige Präriebisons umher. Im Norden halten sich kleinere Herden von Waldkaribus auf. Der Park ist die Heimat von Timberwölfen und Schwarzbären sowie von einigen kleinen Raubtieren, darunter Kojote, Luchs, Rotfuchs, Marder und Otter. Hier gedeihen Wildblumen wie Korallenwurz, Schmetterlingsblütler, Feigenkaktus, Bleichmoos, Trompetenblatt und Orchideen. Die Artenvielfalt im Park lockt viele Vögel an, darunter acht Eulen- und mehr als 20 verschiedene Waldsängerarten. Die zweitgrößte Kolonie von Nashornpelikanen in Nordamerika hält sich im nordwestlichen Teil des Parks am Lavalee Lake auf, der für Besucher gesperrt ist.

Grey Owl (Wa-sha-qon-asin)

Die Geschichte des Prince Albert National Park ist eng mit dem Leben des Schriftstellers Grey Owl – in der Sprache der Ojibwa *Wa-Sha-Quon-Asin* (»Der in der Nacht geht«) – verknüpft. Der Naturforscher und Schriftsteller von angeblich indianischer Herkunft war ein

Oben links: *Die Sumpfcalla bevorzugt die feuchten Zonen des Parks.*

Oben rechts: *Der Gewöhnliche Wasserschlauch zählt zu den Fleisch fressenden Pflanzen; er gedeiht im dichten Bleichmoos der Sümpfe.*

Links: *Mit etwas Glück können Wanderer auf dem Treebeard Trail zwischen den riesigen Tannen und Fichten einen Bartkauz entdecken.*

Rechte Seite: *Im Park leben viele Raubtiere, darunter auch Schwarzbären.*

Unten: *Der scheue Luchs macht Jagd auf kleinere Säugetiere bis zur Größe von jungen Hirschen.*

Trapper, der zum Umweltschützer wurde. 1931 stellte ihn der Staat als Beauftragten für die Wiederansiedlung von Bibern ein. Die meiste Arbeit leistete er im Prince Albert National Park, den er zu seiner Heimat machte. Er starb 1938 an Lungenentzündung. Erst nach seinem Tod verbreiteten Zeitungen die Eingeweihten lange bekannte, aber in der Öffentlichkeit immer verschwiegene Tatsache, dass Grey Owl eigentlich Engländer war. Archibald Stanley Belaney war genauso überzeugend in die Rolle eines indianischen Trappers und Geschichtenerzählers geschlüpft wie in seine Wildlederkleidung. Er war eine schillernde Figur und als Blender, Bigamist und Alkoholiker verrufen; manchen galt er schlicht als Betrüger. Doch sein leidenschaftlicher Einsatz für den Schutz der kanadischen Wildnis war echt, und für die Veränderungen, die er bewirkte, müssen ihm alle Naturfreunde dankbar sein. Die Hütte, in der er gearbeitet hat, steht noch heute am Ufer des Ajawaan Lake.

Gefahr durch Isolation

Der Prince Albert National Park bietet einem Teil der südlichen borealen Ebenen mit drei verschiedenen Lebensräumen Schutz: nördlicher Wald, Espen-Parkland und Grasland. Die Zunahme forst- und landwirtschaftlicher Aktivitäten außerhalb der Parkgrenzen isoliert den Park sowie die Habitate, die er schützt, immer mehr und droht, den Park in eine Taigainsel zu verwandeln. Das beeinträchtigt die Ausbreitung von Pflanzen und die Bewegungsfreiheit von Tieren wie der Wapitihirsche und Karibus. Sie haben unter Bejagung und unter ökologischen Barrieren, die aus dem Kahlschlag resultieren, zu leiden. Das Überfischen durch Sportangler hat in mehreren größeren Seen des Parks die Populationen einiger Fischarten dezimiert. Und da seit langer Zeit (natürliche) Brände unterdrückt werden, gibt es mittlerweile zu viele überalterte Bäume und ein Waldmosaik, das sich ökologisch im Ungleichgewicht befindet.

Banff National Park

Der erste und bedeutendste Park

»Ich ging in den Wald, weil ich wissen wollte, was er mich zu lehren hatte, um am Ende meiner Tage nicht feststellen zu müssen, dass ich nicht gelebt habe.«
Henry David Thoreau

Der Banff National Park, ehemals Rocky Mountain Park, wurde 1885 gegründet und ist damit der erste Nationalpark Kanadas und nach dem Yellowstone National Park in den USA und dem Royal National Park in Australien der drittälteste Nationalpark der Welt. Das historische Herz von Banff sind die Cave and Basin Hot Springs am Sulphur Mountain. Die heißen Quellen gaben im späten 19. Jahrhundert Anlass zu Streitigkeiten um die Besitzansprüche, bis die Regierung 1885 26 km² Land rund um die Quellen enteignete und den Rocky Mountain Park schuf. Der Park wurde zwei Jahre später vergrößert, und 1902 kam noch das Gebiet um Lake Louise hinzu. 1930 wurde der Park in Banff National Park umbenannt, und nach mehreren zusätzlichen Erweiterungen besitzt er heute eine Größe von 6641 km². Banff ist einer von vier zusammenhängenden Gebirgs-Nationalparks, die von der UNESCO zum Weltnaturerbe erklärt wurden (die anderen sind Yoho, Kootenay und Jasper). Unter ihnen ist Jasper der größte und Banff mit jährlich 4,5 Millionen Besuchern der am meisten besuchte Park.

Im Auto oder zu Fuß

Es gibt eine Reihe von kurzen Straßen, die rund um den Ort Banff führen, darunter der Vermilion Lake Drive und die Straße zum künstlich angelegten Lake Minnewanka (*Minnewanka* ist der Name der Ureinwohner für »Wassergeister«). Länger unterwegs ist man auf dem Bow Valley Parkway zum Lake Louise (dem Trans-Canada Highway unbedingt vorzuziehen), der vom Windermere Highway abzweigt, der wiederum durch den Kootenay National Park führt. Etwas weiter nördlich vom Lake Louise verläuft der Trans-Canada Highway Richtung Westen durch den Yoho National Park. Der Icefields Parkway führt über den Bow Summit und den Sunset Pass und an den eindrucksvollen Columbia Icefields entlang weiter zum Jasper National Park. Für viele ist der Icefields Parkway die landschaftlich schönste Straße der Welt.

Die Landschaft kann man zwar auch vom Auto aus genießen, doch erst zu Fuß erschließen sich Einzelheiten, die man vom Auto aus leicht übersieht. Dutzende von Wanderwegen führen durch das Vor- und Hinterland des

Linke Seite: *Vom Hoodoo Lookout hat man einen herrlichen Blick über das Bow River Valley* (oben). *Die weiblichen Dickhornschafe unterscheiden sich von ihren männlichen Artgenossen durch kleinere Hörner und einen schlankeren Körperbau* (unten links). *Maultierhirsche leben in kleinen Familienverbänden; nur die männlichen Tiere besitzen ein Geweih* (unten rechts).

Oben rechts: *Zwei Wasserfälle stürzen im Johnston Canyon zum Bow River hinab.*

Lage: In Alberta, in den kanadischen Rocky Mountains östlich der kontinentalen Wasserscheide. Der Park liegt 128 km westlich von Calgary und 850 km östlich von Vancouver.

Klima: Sehr wechselhaft mit vielen örtlichen Gebirgseinflüssen. Durchschnittliche Höchsttemperatur für den Ort Banff im Juli 22, im Jan. –15 Grad. Pro 200 m Höhe nimmt die Temperatur um ein Grad ab. In Alpenregionen kann es das ganze Jahr über schneien. In Talgebieten sind die Sommer feuchter als die Winter. Rechnen Sie zu jeder Jahreszeit mit unterschiedlichen Wetterlagen.

Reisezeit: Ganzjährig. Einige Dienstleistungen werden jedoch nur in der Saison angeboten. Mai und Okt. sind am wenigsten besucht. Im Sommer und in der Ski-Hauptsaison ist es ratsam, Unterkünfte rechtzeitig zu reservieren. Im Winter ist mit Straßensperrungen zu rechnen.

Anreise: Mit dem Auto oder dem Bus vom Trans-Canada Highway aus. Der nächste internationale Flughafen ist Calgary.

Einrichtungen: Park: Besucherzentren, Infotafeln, Camping- und Picknickplätze, landschaftlich schöne Strecken, Openair-Tribüne, heiße Quellen. Im Ort Banff und Lake Louise: Unterkünfte (Motels, Hütten, Bed and Breakfast, Jugendherbergen), Krankenhaus, Tankstelle.

Naturbeobachtungen: Ausgezeichnet, mit jahreszeitlich bedingten Höhepunkten.

Freizeitaktivitäten: Wandern, Bergsteigen, Reiten, Skilanglauf, Abfahrtslauf in der Nähe des Ortes Banff, heiße Mineralquellen, Bootsfahren, Kajak- und Kanufahren.

Rechts: *Starke Schneefälle zaubern eine märchenhafte Winterlandschaft am Lake Louise.*

Unten: *Skifahren, sowohl Abfahrts- als auch Langlauf, zählt im Winter zu den größten Attraktionen im Banff National Park.*

Parks. Auf dem Johnston Canyon Trail erreicht man zwei Wasserfälle, die in der Schlucht zum Bow River hinabstürzen. Hier nisten Schwarzsegler, Fliegenschnäpper und Grauwasseramseln, und in den Stromschnellen des Bow River sieht man häufig Kragenenten. Auf dem Fenland Trail kann man den überlaufenen Ecken des Parks ein wenig entfliehen und bekommt häufig Biber zu sehen. Der Mistaya Canyon ist zehn Minuten zu Fuß vom Icefields Parkway entfernt: Hier hat der Mistaya River wunderschöne Felsformationen geschaffen, darunter einen natürlichen Felsbogen. Etwas mühsamer ist es, in die Bergwelt vorzudringen, man erreicht sie entweder auf dem Parker Ridge Trail (2,4 km hin und zurück) oder dem Sunshine Meadows Trail (5 km vom Parkplatz des Sunshine-Skigebiets). Im Sommer locken an diesen beiden Stellen alpine Wildblumen zahlreiche Besucher an. Es gibt viele Säugetiere und Vögel zu sehen, darunter Nordamerikanische Pikas (über 1800 m) und Eisgraue Murmeltiere sowie Weißschwanzschneehühner, Rosenbauch-Schneegimpel und Pazifische Wasserpieper. Unterhalb der alpinen Regionen sind für die Vogelbeobachtung der Bow Valley Parkway und die Vermilion Lakes – für Zugvögel ein wichtiger Rastplatz – am beliebtesten.

Wasser und Felsen

Neben den großartigen Berggipfeln, die durch Wasser, Schnee, Eis und Lawinen geformt wurden, besitzt Banff noch andere Sehenswürdigkeiten, die das lange Wechselspiel zwischen Fels und Wasser dokumentieren. Das Castleguard-Höhlennetz ist das größte Karst-Höhlennetz in Kanada und eines der schönsten der Welt. Auf einer Länge von 16,2 km sind die Höhlen kartografisch erfasst. Das Höhlennetz birgt zahlreiche und ursprüngliche Höhlencharakteristiken und beherbergt mehrere Tierarten, die nur hier leben, darunter einige Fledermausarten. Die heißen Quellen (Cave and Basin Hot Springs) am Fuß der Sulphur Mountains sind von historischer Bedeutung, da sie als der Geburtsort von Kanadas Nationalparks gelten. Anlässlich von Banffs hundertjährigem Bestehen wurden die Gebäude restauriert. Etwas weiter den Bow River entlang ragen nahe dem Tunnel Mountain Drive die so genannten *Hoodoos* (Erdpyramiden, die durch die unterschiedliche Erosion von weichen und harten Sedimenten entstanden) gen Himmel.

Lake Louise

Der Lake Louise ist eine unvergleichliche Naturschönheit. Er entwässert in den Bow River und liegt im Osten der kontinentalen Wasserscheide, die die Grenze zu British Columbia bildet. Bei Sonnenauf- oder -untergang lässt er sich am besten bewundern, auch ist er dann nicht so überlaufen. Die örtlichen Ureinwohner, die Stoney-Indianer, nannten ihn den »See der kleinen Fische«, der erste europäische Besucher taufte ihn 1882 Emerald Lake (»Smaragd-See«). Zwei Jahre später wurde er dann nach Louise, einer Tochter der englischen Königin Viktoria, umbenannt. Der Ort liegt ca. 40 km nordwestlich von Banff, weiter flussaufwärts am Bow River, der durch beide Orte fließt. Der Moraine Lake (15 Autominuten von Lake Louise entfernt) ist mindestens genauso schön wie Lake Louise, aber nicht so überlaufen. Von Juni bis September kann man bei einer Seilbahnfahrt die herrliche Aussicht auf den Lake Louise, den Victoria Glacier und die umliegenden Berge genießen.

Die Kehrseite der Popularität

Aufgrund der zunehmenden Besucherzahlen fällt es der Parkverwaltung immer schwerer, diese wichtige Region der Rocky Mountains zu schützen. Gegenwärtig liegen weitere Entwicklungsprojekte im Park auf Eis, und es wird versucht, einige der bislang angerichteten Schäden zu beheben. Konfliktpunkt ist die Frage, ob der Schutz der Natur oder der Ausbau der Infrastruktur für Besucher Vorrang genießen soll. Die Wilderei und Entwicklungen außerhalb des Parks machen ebenfalls Probleme.

Oben: *Das Eisgraue Murmeltier schützt sich durch eine perfekte Tarnfarbe.* Nachfolgende Doppelseite: *Der Moraine Lake im Valley of the Ten Peaks (»Tal der zehn Gipfel«) ist typisch für die grandiosen Landschaften des Parks.* Unten: *Den zweiten Vermilion Lake erreicht man von Banff aus mit dem Auto in wenigen Minuten.*

Wood Buffalo National Park

Endlose Weite

»Er meinte einen Büffel auf dem Kaminsims zu sehen ...«
Lewis Carroll, »Alice im Wunderland«

Der Wood Buffalo Park wurde 1922 gegründet und ist Kanadas größter Nationalpark. Das Gebiet des Parks umfasst insgesamt 44 802 km^2 und ist damit größer als die Schweiz oder die Niederlande. 1983 wurde der Park von der UNESCO zum Weltnaturerbe erklärt. Damit wird der Versuch der Parkverwaltung anerkannt, die größte frei lebende Bisonherde der Welt und den biologischen Reichtum des Peace-Athabasca-Deltas zu schützen. Das Delta ist ein riesiges Gebiet von einmaligen Salzebenen, das den einzig verbliebenen Nistplatz des Schreikranichs beinhaltet. Diese vom Aussterben bedrohte Vogelart überwintert an der Golfküste von Texas und kehrt jedes Jahr im Frühling in kleinen Gruppen in den Park zurück.

Linke Seite: *Der Wasserfall des Little Buffalo River zählt zu den vielen geologisch interessanten Charakteristika der stark verwitterten Landschaft, die dieser Park schützt* (oben). *Im Sommer gedeiht eine Vielzahl von Pflanzen im Park, darunter Orchideen wie die Norne* (unten links), Dodecatheon meadia, *eine Götterblumenart* (unten Mitte), *und die* Anemone multifida, *eine kanadische Anemonenart* (unten rechts).

Oben rechts: *Der getigerte Schwalbenschwanz ist mit seiner kräftigen Zeichnung leicht zu identifizieren.*

Breite Flüsse (Peace, Athabasca und Beaver River) mäandern durch die Inneren Ebenen (*Interior Plains*) und fließen im Peace-Athabasca-Delta zusammen. Es ist das größte Süßwasserdelta der Welt, von dem aus der Slave River nach Norden in den Lake Athabasca fließt. Das Caribou-Birch-Hochlandplateau erstreckt sich bis in zwei Winkel des Parks hinein, während der übrige Park aus der weiten Ebene des Alberta-Plateaus besteht, einem weiten, feuchten Flachland mit Wald, Sümpfen und flachen Seen. Im östlichen Teil dieses Plateaus hat das Wasser allmählich das weiche Muttergestein aus Gips ausgewaschen; entstanden ist das größte Gips-Karst-Gebiet in Nordamerika, mit Höhlen, so genannten Schlucklöchern oder Dolinen, und unterirdischen Flüssen. Direkt südwestlich von Fort Smith dringt am Fuß eines niedrigen Steilabbruchs Wasser aus Quellen hervor. Das salzige Nass hat die Flora und Fauna eines großen Gebiets geprägt, das als Salzebene (*Salt Plains*) bekannt ist.

Besondere Spezies

Der eigentliche Anlass, den Wood Buffalo Park zu gründen, bestand darin, die letzte frei lebende und sich selbst regulierende Bisonherde der Welt zu schützen. Obwohl Bison der wissenschaftliche Name ist, ist die Bezeichnung Büffel (*buffalo*) die allgemein gebräuchliche.

Lage: Zu beiden Seiten der Grenze zwischen den Northwest Territories und Alberta. Von Yellowknife bis Fort Smith 748 km, bis Hay River 174 km, bis Edmonton 1310 km.

Klima: Sommer kurz, warm und trocken, Herbst kühl und windig, Winter lang und kalt. Im Juli Temperaturen von 10 bis 23, im Jan. von -22 bis -32 Grad; im Winter häufig Temperaturen unter -40 Grad. Niederschlagsmenge pro Jahr 215 mm, 70 % in Form von Schnee.

Reisezeit: Ganzjährig. Die meisten Besucher kommen jedoch zwischen Juni und Sept. Die meisten Parkeinrichtungen von Okt. bis Mai geschlossen.

Anreise: Über den McKenzie Highway und ab Fort Hay über eine Schotterstraße (Hwy 5). Mit dem Flugzeug von Edmonton oder Yellowknife.

Einrichtungen: Park: Trails, Camping- und Picknickplätze, Besucherzentrum (Fort Smith), Trails, Infotafeln. Fort Smith: Hotel, Campingplatz, B&Bs, Restaurants, Läden, Tankstellen, Autoverleih, Kanu- und Bootsverleih, Flughafen.

Naturbeobachtungen: Bisons, Elche, Kanadakraniche. Gute Beobachtungsplätze: Salt Plains Viewpoint, Grosbeak Lake, Sweetgrass (im Peace-Athabasca-Delta, von Fort Chipewyan per Boot). Im Winter Nordlichter.

Freizeitaktivitäten: Wandern, Trekking, Naturfotografie, Kanufahren, Fischen, Skilanglauf.

Zu beachten: 1. Halten Sie sich von Bisons fern. 2. Die Straßen im Park sind Schotterstraßen: Rutschgefahr bei Nässe. 3. Informieren Sie sich im Park, wenn Sie Touren im Hinterland oder auf dem Wasser planen.

Rechts: *Den ebenfalls im Park nistenden Kanadakranich bekommen Besucher eher zu Gesicht als seinen bedrohten Verwandten, den Schreikranich.*

Unten: *Der Waldbison, der meist Büffel (buffalo) genannnt wird, ist mit den Büffeln Afrikas oder Asiens nicht verwandt.*

Mit den echten Büffeln in Afrika und Asien sind die Tiere aber nicht verwandt. Im Park leben zwei Rassen nebeneinander, der Präriebison und der Waldbison, die genetisch fast identisch sind, auch wenn sie sich äußerlich deutlich voneinander unterscheiden.

Wood Buffalo dient auch als Schutzgebiet für den seltenen Schreikranich. 1954 entdeckte die Hubschrauberbesatzung eines Feuerlöschteams zufällig ein erwachsenes Schreikranichpärchen mit einem Jungen. Damals gab es weltweit schätzungsweise nur noch zwanzig Vögel dieser Art. Bis dahin hatte man nur gewusst, dass die Vögel in Aransas, Texas, überwinterten, nicht jedoch, wo sie nisteten. In den darauf folgenden Jahren wurden alle Nistplätze erfasst, und die intensiven Bemühungen haben dazu beigetragen, dass es heute wieder über 180 frei lebende Schreikraniche gibt. Kraniche ziehen normalerweise immer nur eines der beiden Jungen erfolgreich auf. Daher hat man ihnen im Lauf der Jahre das jeweils überzählige Ei weggenommen und das Jungtier in Gefangenschaft aufgezogen – zu Brutzwecken, oder um es später freizulassen. Der Brutplatz der Schreikraniche im Norden des Parks ist für Besucher gesperrt.

Der Wood Buffalo Park ist zudem die Heimat von anderen Tieren, die sonst nicht so weit nördlich leben, darunter Nashornpelikan und Strumpfbandnatter, deren nördlichstes bekanntes Winterquartier an der Salt River Day-use Area liegt. Die Schlangen kriechen gegen Ende April aus dem Boden, um sich zu paaren, bevor sie sich zu ihren Sommer-Futterplätzen begeben.

Treffpunkt der Kulturen

Die Region des Wood Buffalo Parks ist seit über 8 000 Jahren besiedelt. Die europäischen Pelzhändler, die Anfang des 18. Jahrhunderts hierher kamen, nannten die Indianerstämme, denen sie begegneten, Beaver, Slavey und Chipewyan. Die Beaver und Slavey folgten dem Pelzhandel Richtung Westen, und die Gemeinschaften, die heute im Park leben, sind meist Cree-, Chipewyan- und Métis-Indianer. Jagd, Fischen und Fallenstellen wird im Park bis heute geduldet; die traditionellen Lebensweisen gelten als wichtiger kultureller Bestandteil des Parks.

Das Peace-Athabasca-Delta

Seit dem Rückzug der Gletscher vor 12 000 Jahren haben sich die Deltas von Peace River und Athabasca River vereint und ständig weiter ausgedehnt. Dieses Delta ist heute mit 5 000 km^2 das größte Süßwasserdelta der Welt und umfasst Kanäle, flache Seen, Riedgrasweiden sowie Hunderte von Sumpflöchern und baumbestandene Dämme. Zahlreiche Wasservögel nisten in dieser Region, außerdem machen Millionen von Zugvögeln hier Station. Daneben finden sich viele Säugetiere, darunter eine große Zahl von Bisamratten, Bibern, Bisons, Wölfen und Elchen. Früher reicherten die Überschwemmungen im Frühjahr das Gebiet mit nahrhaftem Treibsand an, der weiter flussaufwärts ausgewaschen worden war. Doch seit in den 60er-Jahren am Peace River ein Damm errichtet wurde, ist die Wassermenge des Flusses um 40 Prozent zurückgegangen, und Überschwemmungen im Frühjahr sind heute selten. Derzeit wird über verschiedene Möglichkeiten nachgedacht, das Delta zu schützen.

Der Schutz des Parks

Der Wood Buffalo Park schützt einen wichtigen Teil der nördlichen borealen Ebenen. Die kommerzielle Holzfällerei im Süden des Parks, ein Überbleibsel aus den 50er-Jahren, als die Regierung versuchte, die wirtschaftliche Entwicklung im Norden zu fördern, wurde 1992 unterbunden. Doch der Wasserkreislauf im Peace-Athabasca-Delta ist weiterhin gestört. Die derzeit wichtigsten Schutzmaßnahmen bestehen darin, die Bisonherden zu erhalten und die nötigen Nistplätze für die Schreikraniche zu gewährleisten. Die gegenwärtige Praxis, natürliche Waldbrände sich selbst zu überlassen, führt hin und wieder zu Kontroversen, ebenso wie das Vorhaben, außerhalb des Parks am Slave River einen Damm zu errichten.

Oben: *Nashornpelikane sind häufig am Slave River zu sehen, dem nördlichsten Verbreitungsgebiet dieser Vogelart.*

Unten: *Der Silberwurz bringt charakteristische Blüten hervor.*

Jasper National Park

Eisfelder und Wasserscheide

»Wo die Flüsse an der kontinentalen Wasserscheide ihre Richtung ändern.«
Kate Wolf

Der Jasper National Park ist 10 878 km² groß und der nördlichste und größte der vier zusammenhängenden Rocky-Mountain-Nationalparks in Kanada. Die vier Parks (Jasper, Yoho, Kootenay und Banff) bilden zusammen ein Weltnaturerbe der UNESCO. Jasper ist eine Region der Wasserscheiden: Die Kette der Rocky Mountains teilt das Wasser, das in den Pazifik und ins Nordpolarmeer abfließt. Die Südgrenze von Jasper trennt den Park von den drei benachbarten Nationalparks. Und seine Größe und die Tatsache, dass er abseits der großen Städte liegt, hebt ihn ab vom kommerziellen Glamour des Banff National Park.

Besucher fühlen sich von Jaspers relativer Abgeschiedenheit, seiner bezaubernden Landschaft und seinem Tierreichtum, vor allem der Säugetiere, angezogen.

Linke Seite:
Dickhornschafe finden am Celestine Lake gute Weidegründe (oben).
Der Grizzlybär ist größer und scheuer als die beiden anderen Bärenarten, die im Park heimisch sind (unten links).
Der männliche Wapitihirsch besitzt ein eindrucksvolles Geweih (unten rechts).

Oben rechts: *Der Rotschwanzbussard ist in Nordamerika der häufigste Vertreter seiner Familie.*

Trotz der Entfernung zu größeren Städten kommen jedes Jahr mehr als zwei Millionen Besucher, und noch mehr durchfahren ihn auf seinen Highways. Zu den Sehenswürdigkeiten zählen die Columbia Icefields, Maligne Canyon und Maligne Lake, die Sunwapta Falls, die Miette Hot Springs und der Icefields Parkway. Letzterer ist eine der landschaftlich schönsten Straßen der Welt und verbindet Jasper mit dem Lake Louise und dem Sunwapta Pass.

Columbia Icefields

Die Columbia Icefields beherrschen die Landschaft von Jasper und stellen einen Höhepunkt für all jene dar, die auf dem Icefields Parkway unterwegs sind. Viele Besucher geben sich mit einem Abstecher ins Besucherzentrum und einem Spaziergang zum Fuß des Gletschers zufrieden. Andere hingegen nehmen an einer Fahrt auf Schneemobilen teil, die eigens für die Fahrt auf den Gletschern konstruiert wurden. Von der Spitze des Columbia Glacier fließt der Athabasca River nach Norden und Osten auf fast 150 km Länge durch den Park – eine kurze Etappe auf seinem langen Weg zum Nordpolarmeer. Der Flussabschnitt innerhalb des Parks ist zum Canadian Heritage River, also zu einem nationalen Naturerbe, erklärt worden. Das Schmelzwasser der nicht einsehbaren Westseite der Columbia Icefields fließt in

Lage: 370 km westlich von Edmonton, 404 km nordwestlich von Calgary, 805 km nordöstlich von Vancouver und 226 km nördlich von Lake Louise.

Klima: Unvorhersehbar und auf Grund von Gebirgseinflüssen sehr wechselhaft. Durchschnittstemperaturen im Ort Jasper: Juli 22,5, Jan. -7 Grad; Columbia Icefield: Juli 15, Jan. -10 Grad. In höheren Lagen sind selbst im Sommer Schneefälle möglich.

Reisezeit: Ganzjährig. Hochsaison Juli/Aug., dann ist eine rechtzeitige Reservierung der Unterkunft ratsam. Besucherzentrum ganzjährig sieben Tage die Woche geöffnet. Besucherzentrum an den Eisfeldern 1. Mai bis 15. Okt. sieben Tage die Woche geöffnet.

Anreise: Internationale Flughäfen in Edmonton, Calgary und Vancouver. Bus- und Bahnverbindungen von Vancouver und Edmonton. Autoverleih in Jasper.

Einrichtungen: Park: Besucherzentren, Ausstellungen, Camping- und Picknickplätze, Trails, Openair-Tribüne. Im Ort Jasper: Unterkünfte (B&Bs, Motels, Hütten, Jugendherberge).

Naturbeobachtungen: Wapitihirsche, Dickhornschafe, Karibus, Schneeziegen. Vögel und alpine Wildblumen.

Freizeitaktivitäten: Landschaftlich schöne Rundfahrten, Wandern, Bergsteigen, Reiten, Skilanglauf, Abfahrtslauf, heiße Mineralquellen.

Zu beachten: 1. Der *Western Parks Annual Parks Pass* wird anerkannt. 2. Halten Sie sich von Wapitihirschen fern!

den Pazifik, während der Southesk River und der Brazeau River in der südwestlichen Ecke des Parks sich mit dem North Saskatchewan River vereinen und schließlich in die Hudson Bay fließen.

Drei Vegetationszonen

Im Park gibt es drei wichtige Vegetationszonen, die alle von den klimatischen Veränderungen bestimmt werden, die sich durch die Höhenunterschiede ergeben. Die Bergwaldgebiete stellen die niedrigste Zone dar und umfassen die breiten Flusstäler und die angrenzenden Wälder mit Douglasien. Diese Zone lernen alle Besucher kennen, da sie den größten Teil des Parks ausmacht und hier unter anderem der Ort Jasper und viele Besuchereinrichtungen liegen. In dieser Zone findet sich die größte Tier- und Pflanzenvielfalt, da es sich um die wärmste Zone mit der längsten Wachstumsperiode handelt. Hier gibt es Espen, Wildrosen, Elstern, Kragenhühner, Wapiti- und Weißwedelhirsche. Die Zone des subalpinen Waldes liegt höher und reicht bis zur Baumgrenze. Hier sind Felsengebirgstanne, Engelmannfichte, Weiße Alpenrose, Kiefernhäher, Tannenhuhn, Elch und Karibu beheimatet. Die alpine Tundrazone folgt oberhalb der Baumgrenze, wo noch kein ewiges Eis liegt; zu den typischen Spezies zählen Silberwurz, Sumpfdotterblume, Kolkrabe, Weißschwanzschneehuhn, Dickhornschaf und Schneeziege. Auf den Lehrpfaden – zusammen über 1000 km – bekommt man die verschiedenen Vegetationszonen vor Augen geführt.

Oben: *Kiefernhäher ernähren sich von Kiefernkernen. Sie kommen in hoch gelegenen Wäldern direkt unterhalb der Baumgrenze vor.*

Vielfältige Tierwelt

Die meisten Besucher von Jasper halten Ausschau nach den großen Säugetieren, die im Park heimisch sind. Zu den kleineren Vertretern der insgesamt 53 Säugetierarten im Park, denen Wanderer häufig begegnen, zählen Columbia-Ziesel, Eisgraues Murmeltier (alpine Zone), Pikas und Biber. Sieben Huftierarten bevölkern den Park: Karibu, Elch, Wapiti-, Weißwedel- und Maultierhirsch, Dickhornschaf und Schneeziege. Am häufigsten bekommt man diese Tiere an der Straße zu sehen, vor allem im Frühjahr, wenn sie das Salz von der Straßendecke ablecken.

Die meisten Raubtiere lassen sich nur selten blicken, mit Ausnahme der Kojoten, die oft auf der Suche nach überfahrenen Tieren an den Straßen entlangstreifen. Im Park lebende Berglöwen und Wölfe werden nur selten gesichtet. Schwarz- und Grizzlybären sind weniger schüchtern, doch sie bewundert man am besten aus sicherer Entfernung. Lesen Sie die Broschüren des Parks

Unten: *Die schäumenden Gewässer des Maligne River stellen auch für geübte Wildwasserfahrer eine Herausforderung dar.*

über den Umgang mit Bären und beachten Sie alle Warnschilder. Immerhin leben im Park über 100 Grizzlybären.

Blick in die Geschichte

In der seit über 8000 Jahren besiedelten Region wurden die von den Europäern eingeschleppten Pocken durch Indianerstämme weiter im Osten auf die Stämme in den Bergen übertragen. Daher war das Gebiet von Jasper zum großen Teil nicht bevölkert, als die ersten europäischen Trapper hier eintrafen. Das Jasper Forest Reserve wurde 1907 gegründet, um für die beiden geplanten transkontinentalen Eisenbahnlinien, die durch das Athabasca-Tal führen sollten, die Trinkwasservorräte zu schützen. Bis 1930, als das Nationalparkgesetz verabschiedet wurde, erfolgten die Entwicklung des Tourismus und die Ausbeutung natürlicher Ressourcen (Holz, Kohle, Kalkstein). Die Eisenbahnära des frühen 20. Jahrhunderts legte den Grundstein für die touristische Infrastruktur.

Drohende Gefahren

Der Jasper National Park schützt einen schönen Teil der beiden Rocky-Mountains-Gebirgsketten Front und Maine Range. Doch die Ressourcen des Parks werden durch Holzfällerei und Bergbau in der Nachbarschaft sowie durch Wilddiebe bedroht. Innerhalb des Parks werden viele Tiere Opfer von Unfällen mit Autos, und das Winterquartier vieler Tiere im unteren Athabasca Valley wird mit dem Ausbau der Infrastruktur weiter eingeschränkt.

Die zerklüftete Queen Elizabeth Range im Maligne Valley überragt die dichten Wälder des Jasper National Park.

Cypress Hills Interprovincial Park

Die Berge des Donners

»Der Frühling in der Prärie, er kommt als Überraschung …«
Connie Kaldor, »Spring on the Prairies«

Der Cypress Hills Interprovincial Park erstreckt sich über eine Fläche von 250 km^2 und ist in zwei Gebiete aufgeteilt, die von den beiden Provinzen Alberta und Saskatchewan verwaltet werden. Die Ureinwohner, die seit Tausenden von Jahren in den Cypress Hills leben, glaubten, dass hier das Wetter gemacht würde, und gaben der Region den Namen *Thunder Breeding Hills* (»Berge, die den Donner gebären«). Der heutige Name stammt von den frühen Métis-Jägern, die die Kiefern vor Ort mit Zypressen verwechselten und der Region den Namen *Les Montagnes des Cypres* (»Zypressengebirge«) gaben.

Auf dem Weg von Maple Creek (1055 m) zu den Bergen im Südwesten steigt die Straße zum Cypress Hills Plateau fast unmerklich auf 1500 m Höhe an. Die flachen Prärien und die Eintönigkeit des Graslands werden von Nadelwäldern abgelöst, in denen die Luft kühler und feuchter ist und es intensiv nach Kiefern duftet. Das Cypress Hills Plateau liegt höher als irgendein anderes Gebiet im Osten Kanadas südlich der Arktis. Die höchsten Regionen im Park waren während der letzten Eiszeit nicht von Gletschern bedeckt. Viele der Pflanzen und Tiere, die hier gedeihen, sind typisch für die Ausläufer der Rocky Mountains weit im Westen des Landes. Die Drehkiefer ist der beherrschende Baum. Wapitihirsche und Elche leben hier, und für viele Vogelarten ist es das östlichste Verbreitungsgebiet, so z. B. für Trompeterschwan und Clarino.

Les Montagnes des Cypres

Die indianischen Ureinwohner, die in den Bergen jagten, waren die Assiniboine, Blackfoot, Sioux und Cree. Durch den Kontakt mit den Europäern traten Pferde, Waffen, Alkohol, Krankheiten und umwälzende Veränderungen in ihr Leben. Als in den 1870er-Jahren die Zahl der Bisons abnahm, wurden zahlreiche Handelsposten errichtet, in denen skrupellose Weiße Whisky gegen Pelze tauschten. 1873 ritt eine Gruppe von Wolfsjägern von Fort Benton, Montana, hierher. Sie waren auf der Suche nach Cree-Indianern, die ihnen ihrer Meinung nach Pferde gestohlen hatten. Sie rasteten in zwei Handelsposten, die von Moses Solomon und Abe Farwell errichtet worden waren. Eine Gruppe von Assiniboine hatte in der Nähe ihr Lager aufgeschlagen, und als ein Pferd weglief, beschuldigten die Männer die Indianer des Diebstahls. Mehr als

Linke Seite: *Weißbirken verleihen den Prärien Farbe.*

Oben rechts: *Fort Walsh war während der frühen Siedlerzeit in der Region das Quartier der Northwest Mounted Police, der berittenen Polizei.*

Lage: Der West Block von Saskatchewan liegt 52 km südwestlich, der Centre Block 27 km südlich von Maple Creek, der Parkabschnitt in Alberta 70 km südöstlich von Medicine Hat.

Klima: Ganzjährig relativ trocken, heiß im Sommer, kalt im Winter. Häufig windig, im Sommer Gewitter.

Reisezeit: Ganzjährig. Die meisten Einrichtungen des Parks sind jedoch nur Juni bis Sept. geöffnet.

Anreise: In Saskatchewan: Maple Creek liegt direkt im Süden des Trans-Canada Highway am Hwy 21. Zufahrt Centre Block über Hwy 21, West Block über Hwy 271. Der nächste größere Flughafen ist Regina, Saskatchewan, 383 km östlich von Maple Creek. In Alberta: über Trans-Canada Highway, von Medicine Hat über den Hwy 41. Der nächste größere Flughafen ist Calgary, 293 km westlich.

Einrichtungen: Campingplätze, Trails, Infotafeln. Nur Saskatchewan: Besucherzentrum, Unterkünfte. In Medicine Hat, Alberta, und Maple Creek, Saskatchewan: Läden, Restaurants, Autoverleih, Tankstellen.

Naturbeobachtungen: Gute Bedingungen für die Vogelbeobachtung, verschiedene Wildblumen, interessante geologische Charakteristika.

Freizeitaktivitäten: Wandern, Schwimmen, Reiten, Bootfahren, Fischen, Eisfischen, Skilanglauf, Naturfotografie, Autofahrten.

Aussichtspunkt im Parkabschnitt in Saskatchewan: Blick über den Adams Lake.

20 Assiniboine wurden getötet, und ihr Lager wurde in Brand gesteckt. Diese Tragödie beschleunigte die Ankunft der Northwest Mounted Police, einer berittenen Polizeitruppe, die in den damaligen Northwest Territories für Recht und Ordnung sorgen sollte. Fort Walsh im West Block der Saskatchewan Cypress Hills war ihr erster Standort und ist heute eine beliebte historische Stätte.

In den Drehkiefernwäldern des Parks lebt auch eine kleine Population von Elchen.

Autotour durch den West Block

Zwischen dem Center Block und dem West Block auf dem Gebiet von Saskatchewan wurde eine Autoroute konzipiert, auf der sich die Schönheit des Parks gut erschließt. Zu den Aussichtspunkten unterwegs zählen der Lookout Point, bei dem man das Präriepanorama bis in den Norden zu den Great Sand Hills, zum Bald Butte, den Conglomerate Cliffs, zum Adams Lake und zum Fort Walsh genießen kann. Die Straße durch die »Lücke« (*The Gap*) zwischen den beiden Blocks des Parks ist nicht geteert und bei Nässe nicht immer befahrbar.

Brandabhängige Kiefernwälder

Die Drehkiefernwälder der Cypress Hills sind auf die Hitze kleiner Brände angewiesen, die sich von selbst entzünden. Durch sie kann das Harz auf den Kiefernzapfen schmilzen, was die Samen freisetzt. Seit langer Zeit werden solche Brände hier jedoch unterdrückt, wodurch das Überleben der Wälder gefährdet ist. Die Brandunterdrückung führt pardoxerweise dazu, dass sich eine dicke Schicht mit Waldstreu bildet, die einem möglichen Brand so reiche Nahrung bietet, dass dieser dann leicht außer Kontrolle geraten könnte. Während die Kiefernrinde die Hitze kleinerer, weniger intensiver Brände übersteht, überlebt sie die Hitze länger anhaltender, heißerer Brände nicht. Die Befürchtung wächst, dass solche Brände die Wälder von Cypress Hills vernichten könnten.

Grasslands National Park

Ein Park in der Entstehung

»Wo sich Hirsch und Antilope tummeln …«
Dr. Breweter Highley, »Home on the Range«

Lage: Der West Block umfasst vor allem das Frenchman River Valley, der East Block die Killdeer Badlands.

Klima: Heiße Sommer, kalte Winter, häufig starke Winde, wenig Niederschlag.

Reisezeit: Ganzjährig. Die meisten Besucher kommen jedoch von Frühjahr bis Herbst.

Anreise: Die Parkverwaltung in Val Marie befindet sich 125 km südlich von Swift Current an einer asphaltierten Straße. Parkangestellte informieren über die Zufahrt zu den beiden Blocks. Zum nächsten Flughafen Regina sind es 366 km mit dem Auto.

Einrichtungen: Innerhalb des Parks gibt es keine Einrichtungen. Besucherzentrum in Val Marie an der Kreuzung Hwy 4/Center Street. Unterkünfte, Restaurants und Tankstellen in Mankota, Glentworth und Wood Mountain (beim East Block) sowie in Val Marie (beim West Block). In Val Marie gibt es einen Campingplatz; der Wood Mountain Regional Park in der Nähe des East Block bietet Campingplatz, Swimmingpool, Waschsalon und Spielplatz. Im Grasslands National Park ist nur Zelten erlaubt, und das auch nur abseits der Straße und historischer Farmgebäude.

Naturbeobachtungen: Gabelböcke, Maultierhirsche, Schwarzschwanz-Präriehunde im West Block, Elche im East Block. Vögel: Präriehuhn, Steinadler, Präriefalke. Prärieklapperschlangen.

Freizeitaktivitäten: Wandern, Reiten, Autotour durch den West Block. Landschaftsfotografie.

Die Vereinbarung, den Grasslands National Park im Südwesten von Saskatchewan einzurichten, wurde bereits 1988 unterzeichnet, doch der Park ist bis heute erst halb fertig, da der Etat für den Ankauf gefährdeter Gebiete nicht ausreichte. Da alle verfügbaren Mittel für den Grasslands National Park für Landkäufe verwendet werden, fehlen im Park selbst Besuchereinrichtungen. Zumindest aber schützt der Park schon eine Reihe von bedrohten Tierarten und ermöglicht z. B. Maultierhirschen und Gabelböcken ein Leben in relativer Sicherheit.

Zwei Parkabschnitte

Der jetzige, noch unvollständige Park besteht aus zwei Abschnitten (*blocks*), die zusammen 420 km² umfassen. Der vollständige Park soll einmal mehr als doppelt so groß werden. Der West Block in der Nähe von Val Marie konzentriert sich auf das Tal des Frenchman River und birgt eine dramatisch verwitterte Landschaft, die zunächst von Gletschern und später von Wind und Wasser geformt wurde. Der East Block in der Nähe des Ortes Killdeer umfasst die eindrucksvollen Killdeer Badlands, eine in Saskatchewan einzigartige Ödlandzone. Hier wurden 1874 erstmals Fossilien von Dinosauriern gefunden.

Rechts oben: *Unzählige Kokardenblumen* (Gaillardia) *blühen in den trockenen Hochlandregionen.*

Bedrohte Natur

Kein Habitat in Nordamerika ist mehr verändert und gezähmt worden als das ausgedehnte Grasland, das sich einmal von West-Zentralkanada bis nach Mexiko erstreckte. Durch die Jagd, die Aufteilung und Kultivierung des Landes sowie die Trockenlegung von Feuchtgebieten wurden die einst ausgedehnten Präriefläche fast vollständig zerstört. Obwohl es keine wirklich ursprünglichen Prärien mehr gibt, finden Besucher des Parks dennoch eine reichhaltige Tierwelt vor. Fast 300 Spezies von Vogel-, Kriechtier- und Säugetierarten sind im Park heimisch. Einige von ihnen gibt es nur hier, darunter Gabelböcke, Schwarzschwanz-Präriehunde, Beifußhühner und Königsbussarde. Die am häufigsten gesichteten großen Tiere sind Gabelböcke und Maultierhirsche, und auch die Population von Wapitihirschen nimmt im East Block zu, auch wenn es sich nach wie vor um seltene Tiere handelt.

Unter den kleinen Säugetieren sind Schwarzschwanz-Präriehunde im Frenchman River Valley (West Block) weit verbreitet; in Kanada ist dies die einzige Kolonie dieser Tiere. Andere hier vertretene Kleinsäuger sind Rotluchs, Kojote, Amerikanischer Dachs, Stinktier, Stachelschwein, Amerikanischer Nerz, Langschwanzwiesel, Weißschwanzeselhase und Richard's Ziesel. Mehr als 190 Vogelarten ziehen durch den Park oder nisten hier, darunter zwanzig Raubvögel. Zu den wichtigen Vogelarten zählen Beifuß-

Präriehunde (unten) *leben in großen Verbänden oder so genannten »Städten« im Grasland. Sie graben weit verzweigte unterirdische Gänge und Wohnkammern, in denen sie vor Raubtieren geschützt sind* (oben).

huhn, Präriefalke, Steinadler, Wiesenstärling, Sprague's Pipit, Baird's Sparrow und die seltene Höhleneule. Der Park schützt auch Louisianawürger, Amerikanische Brachvögel, Bergregenpfeifer und Königsbussarde. Außerdem stehen einige Schlangen – wie z. B. eine kleine Population von Prärieklapperschlangen – und deren Winterquartiere im West Block unter Schutz. Auch viele Wildblumen sind hier beheimatet, darunter Indian Breadroot, Präriekrokus, Feigenkaktus und Beifuß, die in der Nahrungskette für Schmetterlinge und andere Insekten wichtig sind.

Völkerwanderung

Seit sich vor 12 000 Jahren die Kontinentalgletscher zurückgezogen haben, sind unterschiedliche Nomadengruppen der kanadischen Ureinwohner durch diese Region gezogen. Viele der Spuren, die sie hinterließen, sind noch heute zu sehen, vor allem die Abdrücke ihrer Tipis. Die Menschen folgten den Bisonherden (mit damals mehr als 60 Mio. Tieren) über die Great Plains und verweilten nie lange an einem Ort. Als die Europäer in den Westen der USA und Kanadas vordrangen, wurden die Bisons bis auf wenige Tiere abgeschlachtet – die Nomaden waren ihrer Lebensgrundlage beraubt. Im späten 19. Jahrhundert nahmen die ersten europäischen Farmer ihre Arbeit auf. Sie mussten erfahren, dass in diesem oft von Dürren heimgesuchten Gebiet nur eine nicht zu intensiv betriebene Viehwirtschaft rentabel ist und Feldbau ohne künstliche Bewässerung zum Scheitern verurteilt ist.

Brände und grasende Huftiere

Das ursprüngliche Grasland wurde durch regelmäßige Brände (etwa einem pro Jahr) und das Abgrasen durch Huftiere geprägt. Nun, wo die Bisons verschwunden sind und die natürlichen Brände unterdrückt werden, ist die Vegetation, die sich an diesen periodischen Wechsel angepasst hatte, ernsthaft in Gefahr. Winterharte Gräser wurden als Heu- beziehungsweise Weidegras eingesetzt und dominieren nun jene Gebiete, in denen sie ausgesät wurden. Die Vegetation in den wenigen verbleibenden Graslandregionen ist am besten zu erhalten, indem man die ursprünglichen Brände durch kontrolliertes Abbrennen nachahmt und die grasenden Bisons durch Rinder (oder andere einheimische Huftiere) ersetzt, ohne die Flächen zu überweiden.

Oben: *50 unterschiedliche Grasarten finden sich im Grasslands National Park, darunter auch Mähnengerste.*

Links: *Gabelböcke fühlen sich wohl im Park. Diese Spezies ist typisch für die Grasland-Region.*

Waterton Lakes National Park

Das Land der leuchtenden Berge

»Der Chinook kommt jetzt sicher bald.«
Ian Tyson, »Milk River Ridge«

Der Waterton Lakes National Park war 1895 der vierte Nationalpark, der in Kanada eingerichtet wurde. Er bedeckt gegenwärtig eine Fläche von 505 km^2 und ist damit viel kleiner als der benachbarte amerikanische Glacier National Park, der 4101 km^2 groß ist. Zusammen bilden die beiden Parks den Waterton/Glacier International Peace Park, der 1932 gegründet wurde und als erstes grenzübergreifendes Projekt dieser Art in die Geschichte einging.

Die Ureinwohner der Region, die Blackfoot-Indianer, nannten das Waterton-Lakes-Gebiet das »Land der scheinenden Berge«. Die Parkmitarbeiter gaben ihm jedoch den Namen »Wo das Gebirge den Prärien begegnet«. Fast überall sonst in den Rocky Mountains sorgen Vorgebirge für einen sanften Übergang von den hohen Gipfeln zur Prärie. In Waterton jedoch nicht; hier ragen die Berge im Westen abrupt aus der weiten Ebene auf. Der Park schützt ein großartiges Gebirgshabitat am Mount Blakiston (2942 m) sowie ursprüngliches Schwingelgrasland.

Das Gebirge

Besucher fahren mit dem Auto bis in die Gebirgszone, wo sie auf über 20 Wanderwegen das Gebiet zu Fuß erforschen können. Es ist relativ leicht, zu den Bergwiesen zu gelangen, auf denen am Rand der Baumgrenze eine Vielzahl von Wildblumen gedeiht, darunter Hundszahn, Lupinen und Arnika. Häufig fliegen Kiefernhäher vorbei, gelegentlich sind Dickhornschafe oder Schneeziegen zu sehen. Goldmantel-Ziesel ziehen felsige Regionen vor.

Auch die Felsen lohnen eine nähere Betrachtung. Eine Auffaltung, die von einem Erdbeben verursacht wurde, brachte das mit 1500 Mio. Jahren älteste offen liegende Sedimentgestein in den kanadischen Rocky Mountains zu Tage. Bei einigen Bergen ist eine 30 m dicke Schicht schwarzen Gesteins sichtbar, die zwischen weißen Marmorschichten, dem so genannten Purcell Sill, liegt. Dabei handelt es sich um Lava, die vor 1080 Mio. Jahren zwischen Kalksteinablagerungen eingeschlossen wurde.

Linke Seite: *Waterton Lakes ist zu Recht berühmt für seine herrlichen Wildblumen. Dazu zählen der Berg-Frauenschuh* (links oben) *und der Alpine Yellow Paintbrush, der »gelbe Malpinsel«, ein Braunwurzgewächs* (links unten). *Das zum Red Rock Canyon führende Tal können Wanderer auf einer ganzen Reihe von Wanderwegen erkunden* (rechts).

Oben rechts: *Im Park sind Goldmantel-Ziesel weit verbreitet. Sie halten bis zu neun Monate im Jahr Winterschlaf.*

Lage: Im Südwesten von Alberta; im Westen grenzt er an den Akamina-Kishinena Provincial Park, im Süden an den Glacier National Park von Montana. Der Ort Waterton liegt auf 1280 m. Höchster Gipfel: Mount Blakiston (2 940 m).

Klima: Sehr wechselhaftes Gebirgswetter. Kurze kühle Sommer, milde schneereiche Winter. Höchsttemperaturen 35, Tiefsttemperaturen bis -40 Grad. 1 072 mm Niederschläge, über die Hälfte davon als Schnee. Starke Winde, durchschnittliche Windgeschwindigkeit bei 32 km/h, Böen von 120 km/h nicht ungewöhnlich.

Reisezeit: Ganzjährig. Die meisten Einrichtungen im Winter geschlossen. 80 Einwohner leben ständig hier, im Sommer steigt die Zahl auf 2000. Im Juli/Aug. sollten Unterkünfte rechtzeitig reserviert werden.

Anreise: Mit dem Auto 270 km von Calgary, Alberta, 64 km von St. Mary's, Montana. Internationaler Flughafen in Calgary. Autoverleih in Calgary und Great Falls, Montana.

Einrichtungen: Park: Besucherzentrum, Infotafeln, Camping- und Picknickplätze, Trails, Reit- und Fahrradwege, Openair-Tribüne. In Waterton: Unterkünfte (Motels, Hütten), Restaurants, Läden, Tankstelle, beheiztes Freibad, Waschsalon, Pferde- und Bootsverleih (vieles im Winter geschlossen).

Naturbeobachtungen: Maultierhirsche, Schneeziegen, Dickhornschafe. Schwarzbären und Grizzlys (scheu). Wildblumen.

Freizeitaktivitäten: Wandern, Trekking, Radfahren, Golf, Bootstouren, Schwimmen, Kanufahren, Reiten, Skilanglauf.

Oben: *Im Park wurden wieder Bisons angesiedelt. Von der durch das Bisonreservat führenden Straße bekommt man die Tiere häufig zu sehen.*

Unten: *Die unterschiedlichen Gesteinsschichten des Parks treten im Red Rock Canyon zu Tage.*

Gletscher sind für die Entstehung der vielen Seen verantwortlich; der Upper Waterton Lake ist mit 148 m der tiefste See in den kanadischen Rocky Mountains. In ihm sind der seltene Deepwater Sculpin (eine Groppenart) und der Pygmy Whitefish zu Hause.

Leben in der Prärie

Zum Waterton Lakes Park gehört eine 33 km^2 große Prärie mit Schwingelgras, die über einen Wanderweg oder eine Straße durch das Bisonreservat (*Bison Paddock*) zu erreichen ist. Hier wachsen zahlreiche Wildblumen (Wildrose, Prairie Smoke, Fingerstrauch, Indian Paintbrush), und auch Vögel (Königstyrann, Savannensperling, Goldwaldsänger) und Säugetiere (Dachs, Stinktier, Wiesel) sind hier beheimatet.

Der Chinook

Chinook ist der kanadische Name für den südlichen Fallwind, der über die Rocky Mountains weht und trockener und wärmer wird, sobald er auf der Leeseite rasch herabsinkt. Während die Luft die Hänge herabfließt, bilden sich Wellen, deren höchste ein gut sichtbares Wolkenband hervorruft, das parallel zum Gebirge verläuft. Dieses Band nennt man Chinookbogen. Solche Fallwinde können das ganze Jahr über auftreten, sind jedoch bei kälterem Wetter besser sichtbar. Sie können nur ein oder zwei Stunden – dann mehrfach pro Tag – oder aber auch ein paar Tage lang anhalten. In Waterton entstehen diese Winde am häufigsten, weshalb die Region das mildeste Winterwetter der ganzen Provinz Alberta aufweist.

Strukturprobleme

Der Waterton Lake National Park schützt Elemente des Prärie-Graslands und der Rocky Mountains, ist jedoch zu klein, um ein komplettes Ökosystem abzusichern – das gelingt selbst mit Hilfe des benachbarten Glacier National Park im Süden nicht. Weiter im Osten wird intensiv Landwirtschaft betrieben, und die zugänglichen Täler leiden unter den Freizeitaktivitäten der Besucher.

Riding Mountain National Park

Ein Berg voller Teufel

»Ich träumte vom Teufel und wachte entsetzt auf.«
Christopher Ansty, »The New Bath Guide«

Der Riding Mountain ist geologisch gesehen eine Schichtstufe (*Escarpment*), die sich 756 m hoch über die umliegende Ebene erhebt. Auch wenn der Berg nicht sonderlich hoch ist, machte er, wie der Forscher Henry Hind berichtete, auf die einheimischen Indianer großen Eindruck. Sie weigerten sich hinaufzusteigen, weil er ihrer Meinung nach »voller Teufel« steckte. Der 2973 km² große Riding Mountain National Park wurde 1929 gegründet, um Touristen anzuziehen und der Region zu wirtschaftlichem Aufschwung zu verhelfen.

Insel der Vielfalt

Viele Nationalparks in Kanada werden zu ökologischen Inseln, da Landwirtschaft und Holzfällerei bis zu ihren Grenzen vordringen. Der von Ebenen umgebene Riding Mountain war schon immer ein isoliertes Areal, da er sich durch seine höhere Lage und die daraus resultierenden Klima- und Vegetationsunterschiede von seiner Umgebung unterschied. Der Park ist sehr vielfältig; im Hochland finden sich boreale Wälder, am Ostrand der Stufe liegen Laubwälder und im Westen Weiden und Grasland. Der Park ist groß genug, um ökologisch unabhängig zu sein und beherbergt noch fast alle Arten seiner ursprünglichen Bewohner. Hier leben 55 Säugetierspezies (z. B. Nördliches Gleithörchen und Silberhaarige Fledermaus) sowie zehn Arten von Kriechtieren (u. a. Strumpfbandnattern und Schmuckschildkröten), aber auch 30 Fisch- (darunter Aalquappen und Walleye), über 220 Vogel- (darunter Waldsänger und Bartkauz) sowie über 400 Pflanzenarten (u.a. Rundblättriges Knabenkraut und Sarsaparille).

Inseln auf der Insel

Auf den ersten Blick können Waldgebiete recht gleichförmig aussehen, und wer auf der Suche nach den offensichtlicheren Reizen der Berge oder Küstenregionen ist, fährt deshalb häufig achtlos daran vorbei. So wird auch Riding Mountain eher von Menschen aus der Region besucht als von angereisten Besuchern. Das ist bedauerlich, denn der vielseitige Park hat jedem Besucher etwas zu bieten.

Abseits der Straßen gibt es ungefähr 30 Wege, auf denen sich der Park bis in alle Winkel zu Fuß erkunden lässt. Für einige Strecken im Hinterland sind etwas mehr Zeit und Anstrengung nötig, doch viele Geheimnisse des Parks lassen sich auch schon auf den leicht zugänglichen Wegen erforschen. Der Arrowhead Trail bietet eine hervorragende Einführung: Dieser Naturlehrpfad beginnt in der Nähe von Wasagaming und ist 1,7 km lang. Er führt durch viele Habitate von Riding Mountain, darunter borealen Wald, Espenwald, Grasland und Sumpfgebiet und an einem See vorbei. Halten Sie Ausschau nach

Oben rechts: *Nur wenn man auf den vielen Wanderwegen des Parks unterwegs ist, kann man die unzähligen Blumen und Pflanzen wie diese Goldrute bewundern.*

Lage: 95 km nördlich von Brandon, Manitoba, 225 km nordwestlich von Winnipeg.

Klima: Warme Sommer und kalte Winter. Durchschnittliche Höchst- und Tiefsttemperaturen: im Juli 8,3 bzw. 23,9 Grad, im Jan. -13,8 bzw. -27,3 Grad. Die durchschnittliche Niederschlagsmenge beträgt 48 cm, ein Drittel davon als Schnee. Im Sommer häufig Gewitter.

Reisezeit: Ganzjährig. Viele Einrichtungen jedoch nur Mai bis Okt. geöffnet. Hauptsaison Juli/Aug., dann ist eine rechtzeitige Reservierung der Unterkunft ratsam.

Anreise: Über den Hwy 10, von Brandon aus nach Norden, von Dauphin aus nach Süden. Aus Richtung Osten über den Hwy 19. Internationaler Flughafen in Winnipeg. Busverbindung von Winnipeg über Brandon und aus dem Norden über Dauphin.

Einrichtungen: Park: Besucherzentrum, Infotafeln, Camping- und Picknickplätze, Trails, Openair-Tribüne. In Wasagaming: Unterkünfte, Restaurants, Läden, Outfitter, Museum, Polizei, Tankstelle. Medizinische Versorgung in Brandon.

Naturbeobachtungen: Säugetiere (Elche, Wapitihirsche, Biber, Schwarzbären). Kleine Bisonherde in einem Reservat am Lake Audy. Mehrere Wolfsrudel leben im Park.

Freizeitaktivitäten: Wandern, Trekking, Radfahren, Tennis, Bowling, Golf, Reiten, Segeln, Schwimmen, Angeln, Kanufahren, Schneeschuhlaufen, Skilanglauf.

Zu beachten: Am Steilabbruch wächst häufig giftiger Scharfer Sumach.

Blumen wie der Waldlilie, nach Vögeln wie dem Meisenhäher und dem Fichtenwaldsänger sowie anderen Tieren, z. B. dem Leopardenfrosch und dem Biber, die das Sumpfgebiet bevorzugen. Der Burls Trail und der Bittersweet Trail in der Nähe des Osteingangs ermöglichen den Zugang zum Eastern Decidous Hardwood Forest. Zu den besonderen Bäumen, die hier wachsen, zählen Bur Oak (eine Eichenart), Amerikanische Ulme, Rotesche und Eschenahorn, zu den Pflanzen Doldenrebe, Bittersüß, Virginia-Traubenkirsche und Felsenbirne. Gelegentlich hört man den Gesang des Goldschwingen-Waldsängers, und auch Scharlachtanager und Indigofink sind häufig anzutreffen. Der Brulé Trail ist ein weiterer lohnender Weg, der deutlich macht, wie wichtig Brände in einem gesunden Wald-Ökosystem sind. In dem Gebiet waren 1929, 1957 und 1971 Feuer ausgebrochen, und die unterschiedlichen Stadien der Regeneration zeigen die Bedeutung der Brände für den Erhalt der Artenvielfalt. Zu den interessanten Bäumen gehören hier Bankskiefer und Schwarzfichte. Das Schmalblättrige Weidenröschen ist ebenso häufig vertreten wie Moosglöckchen und Kanada-Hartriegel.

Der zähe Wolf

Das eindrucksvollste große Raubtier im Park ist der Wolf. Noch in den 50er-Jahren wurden die Wölfe gezielt dezimiert, und in den letzten Jahren hat die Zahl der Tiere aufgrund eines Milbenbefalls abgenommen, der zu Haarausfall und Hautschäden führte. Heute wird die Population überwacht, da Wölfe nicht nur für das Ökosystem eine wichtige Rolle spielen, sondern sich auch als Gradmesser für den allgemeinen Zustand des Parks eignen, da sie in der Nahrungskette ganz oben stehen.

Oben: *Das Moor am Moon Lake ist die Heimat vieler Pflanzen- und Tierarten, die nur in Feuchtgebieten vorkommen.*

Rechts: *Der Arrowhead Trail, ein Naturlehrpfad, führt durch mehrere Habitate des Parks. Unterwegs bekommt man Vögel wie den Meisenhäher* (rechts) *und Pflanzen wie die Prachtscharte* (ganz rechts) *zu sehen.*

Von Landwirtschaft umgeben

Der Park liegt innerhalb der südlichen borealen Ebenen und der Plateauregion und ist heute von Farmen und Ranches umgeben. Der Einfluss des Menschen beginnt bis an die Grenzen des Parks und darüber hinaus vorzudringen, so ist das Wildern vor allem von Bären Besorgnis erregend. Probleme bereiten auch Pestizide und Herbizide, die von den umliegenden Farmen herüberwehen, die unfreiwillige Ansiedlung von nicht einheimischen Pflanzen und Tieren sowie die Auswirkungen der Verschmutzungen des Clear Lake aufgrund der Entwicklungen in Wasagaming.

Oben: *Eine Sonnenblumenart (Woodland Sunflower) bedeckt wie ein Teppich das Sumpfland am Arrowhead Trail in der Nähe von Wasagaming.*

Unten links: *Der »gesprächige« Leopardenfrosch ist in den Sumpfregionen des Parks weit verbreitet.*

Unten: *Sumpfcalla spiegeln sich in den stillen Gewässern des Sumpflandes.*

Dinosaur Provincial Park

Der Reichtum der Badlands

»… und stellte mich mitten auf ein weites Feld; das lag voller Totengebeine.«
Hesekiel 37.1

Der Dinosaur Provincial Park umfasst ein 73 km² großes Gebiet von außerordentlicher Schönheit. Er birgt eine Fundstätte von Dinosaurierfossilien, die von der UNESCO 1979 zum Weltkulturerbe erklärt wurde. Der Park wurde 1955 gegründet, um die so genannten Badlands (Ödland) von Alberta zu schützen, erhielt seinen heutigen Namen aber erst 1962. Der Red Deer River durchschneidet das Tal, auf dessen Ebenen die 75 Mio. Jahre alten Dinosaurierfossilien durch Erosion von Wind und Wasser aus ihrem steinernen Gefängnis befreit wurden.

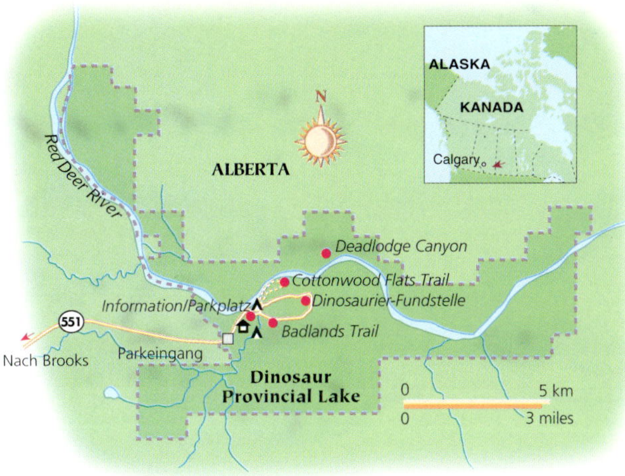

Die Badlands und die Knochen

Vor Millionen von Jahren war das heutige Ödland des Parks noch eine sumpfige Küstenebene, die von Flüssen durchzogen wurde. Die dort lebenden Dinosaurier versanken im Sumpf oder ertranken bei den regelmäßigen Überschwemmungen, ihre Knochen wurden in den Ablagerungen des Flusses und der Moore begraben. Durch den Druck der auf ihr lastenden Erde verwandelte sich das Sediment in Stein. Die letzte Eiszeit schnitt das Red River Valley durch das Sediment, in dem jetzt die Dinosaurierknochen gefunden werden. Neben zahllosen Einzelknochen hat man fast 200 vollständige Skelette und etliche große, zusammenhanglose Ansammlungen, die so genannten Knochenlager (*bone beds*) entdeckt. Dieser Park ist der einzige in ganz Kanada, der eine Dinosaurier-Checkliste mit 34 Dinosauriern aufzuweisen hat, darunter Stegosaurus, Albertosaurus und Corythosaurus, die alle aus der späten Kreidezeit stammen. Die unterschiedlichen Habitate des Parks lassen sich auf kurzen Wanderwegen erforschen: dem Prairie Trail, dem Coulee Viewpoint Trail und dem Badlands Trail, dem Trail of the Fossil Hunters sowie dem Cottonwood Flats Trail. Für ein erstes Kennenlernen der Badlands gehen Sie am besten den 1,3 km langen Badlands Trail entlang, der von der Public Loop Road abzweigt und zum Rand des Schutzgebiets führt. In das Schutzgebiet (das eigentliche Fossiliengebiet) gelangt man nur im Rahmen einer Führung. Viele Besucher kombinieren einen Besuch des Parks mit einem Besuch des Tyrell Museum in Drumheller, Alberta, wo zahlreiche Exponate der Dinosaurierausgrabung zu sehen sind. Gelegentlich entdecken auch

Linke Seite: *Hoodoos und andere bizarre Gesteinsformationen sieht man vom Highway 10 in der Nähe von Drumheller sowie im Park.*
Oben rechts: *Der Feigenkaktus ist nur einer von vielen botanischen Höhepunkten in den Badlands.*

Lage: Im Südosten von Alberta, 48 km nordöstlich von Brooks am Trans-Canada Highway.

Klima: Im Sommer heiß und trocken (oft bis zu 40 Grad), im Winter kalt und trocken. Gelegentlich heftige Sommergewitter.

Reisezeit: Ganzjährig. Einige Serviceleistungen jedoch nur April bis Sept.

Anreise: Mit dem Auto: Hwy 544, dann ab Brooks Hwy 551. Der nächste große Flughafen ist Calgary, 226 km westlich.

Einrichtungen: Campingplatz (128 Stellplätze); Servicezentrum (Mai bis Okt.) mit Waschsalon, Laden und Duschen; Trails; Infotafeln; Picknickplatz; Openair-Tribüne; Tyrell Museum Field Station (ganzjährig, aber nicht täglich geöffnet). In Brooks alles für Touristenbedarf. Wenn der Campingplatz im Dinosaur Park belegt ist, versuchen Sie es im Kinbrook Island Provincial Park, 15 km südlich von Brooks (45 Automin.). Für die geführten Wanderungen und Busfahrten ins Naturreservat (beschränkter Zutritt) Anmeldung empfohlen.

Naturbeobachtungen: Wildblumen (vor allem im Juni) und Kakteen, Vögel (Juni/Juli) wie Felszaunkönig, Berghüttensänger, Präriefalke. Schaufelfußkröte, Prärieklapperschlange. Maultier- und Weißwedelhirsch, Gabelbock und Kojote.

Freizeitaktivitäten: Camping, Picknicken, Wandern, Naturfotografie, Kanufahren, Angeln, Skilanglauf.

Zu beachten: Das Gelände südlich des Red Deer River ist überwiegend Schutzgebiet, das man nur mit Genehmigung betreten darf. Die Zahl der Besucher ist begrenzt. Für die Hälfte der Plätze kann man sich anmelden, die andere wird um 8 Uhr 30 an der Field Station an diejenigen vergeben, die zuerst erscheinen.

Oben: *Das Dinosauriermuseum in Tyrell ist das ganze Jahr über geöffnet* (links). *Im Park leben Wildkaninchen* (Mitte) *und Königstyrann* (rechts).

Unten: *Panoramablick vom Coulee Viewpoint Trail.*

Besucher Fossilien. Wenn Sie das Glück haben, auf ein Fossil zu stoßen, lassen Sie es bitte in Ruhe, und melden Sie den Fund dem Parkpersonal.

Neben den paläontologischen Schätzen hat der Park noch andere Attraktionen zu bieten: eine stark verwitterte Landschaft mit sich ständig verändernden Gesteinsformationen und eine Artenvielfalt, die in einem ungewöhnlichen Nebeneinander von Habitaten begründet ist. Zu den Präirievögeln zählen Brachvogel, Marmorschnepfe und Präriebussard. Im Flusstal und im Gehölz des Cottonwood Grove leben Königs- und Arkansastyrann, Gelbbrust-Waldsänger und Amerikanischer Uhu; in den Badlands finden sich Präriefalke, Felszaunkönig und Fliegenschnäpper. Zu den botanischen Besonderheiten zählen Feigenkaktus und Beifuß. Halten sie auch Ausschau nach Bullennatter, Prärieklapperschlange und der Plains Spadefoot Toad, einer Schaufelfußkröte, die man allerdings häufiger zu hören als zu sehen bekommt.

Elk Island National Park

Gute Zäune sorgen für gute Nachbarschaft

»Ach, lass mich dort leben, wo der Bison zieht …«
Dr. Breweter Highley, »Home on the Range«

Der Elk Island National Park ist eine 194 km² große »Insel der Wildnis« inmitten der Beaver Hills. Der Park beherbergt die größte Herde von Präriebisons in Kanada und ist von einem 2,40 m hohen Zaun umgeben, der ihn gegen das umliegende Ackerland und das gewerblich genutzte Land abgrenzt. Die Beaver Hills erheben sich bescheidene 30 m über die umliegenden Prärien. Die von Gletschern geprägten Hügel bilden ein Mosaik aus kleinen Seen, Teichen (*potholes*), Sümpfen, Wäldern und Grasland. Der Park bietet sowohl Raum zu beschaulicher Erholung als auch Erkundungsmöglichkeiten, und Besucher haben die Gelegenheit, den verbleibenden Teil einer einst weit verbreiteten Landschaftsform zu genießen, die heute zu 90 Prozent aus Kanada verschwunden ist.

Bedarf für ein Schutzgebiet

Gegen Ende des 19. Jahrhunderts fielen fast alle großen Säugetiere in den Beaver Hills der sich ausbreitenden europäischen Besiedlung zum Opfer. Vor allem Wapitihirsche waren bedroht; von ihnen blieben weniger als zwanzig Tiere. Nach mehreren Eingaben vor Ort und der Einrichtung eines Fonds, mit dem ein Zaun bezahlt werden sollte, richtete die Bundesregierung 1905 ein Schutzgebiet ein, das 1930 zum Nationalpark erklärt wurde. Eine in Montana erworbene Herde von Präriebisons fand 1907 auf dem Weg zum Buffalo National Park (ihn gibt es nicht mehr) vorübergehend im Elk Island Park eine neue Heimat. Einige Tiere entkamen und bildeten den Kern der Präriebisonherde, die noch heute durch den Park streift. Heute leben ca. 1600 Wapitihirsche und 1000 Bisons im Park.

Oben rechts: *In den Seen und Sümpfen des Parks sind oft Biber zu beobachten.*

Wo der Bison zieht …

Obwohl 44 Säugetierarten im Park zu finden sind, interessieren sich die meisten Besucher vornehmlich für die Huftiere: Wapitihirsche, Elche, Weißwedelhirsche sowie Prärie- und Waldbisons. Bei ihnen allen handelt es sich um frei lebende Wildtiere, die sehr scheu sind. Im Allgemeinen sind sie im Winter leichter zu beobachten, da sie dann in ihrer Bewegungsfreiheit eingeschränkt sind. Doch auch im Sommer wird jeder, der einige Zeit auf den Wanderwegen unterwegs ist, ein paar Tiere beobachten können. Das Umfeld dieser frei lebenden Tiere ist jedoch nicht mehr wie früher, da Raubtiere wie Wolf und Bär bereits vor langer Zeit im Park ausgerottet wurden. Und der Park ist zu klein, um

Lage: 35 km östlich von Edmonton, Alberta.

Klima: Trockenes Kontinentalklima. Durchschnittliche Höchsttemperaturen im Juli 25, im Jan. -10 Grad.

Reisezeit: Ganzjährig. Viele Einrichtungen jedoch nur Juni bis Sept. geöffnet.

Anreise: Mit dem Flugzeug oder der Bahn bis Edmonton. Mit dem Auto auf Hwy 16 (Yellowhead Highway) 35 km ab Edmonton.

Einrichtungen: Besucherzentrum mit Naturbuchladen, Infotafeln, Campingplatz (112 Plätze), Picknickplätze, 100 km Trails, Openair-Tribüne, Spielplatz.

Naturbeobachtungen: 44 Säugetierarten, darunter Wapitihirsch, Prärie- und Waldbison, Kojote, Biber, Weißwedelhirsch und Elch. 230 Vogelarten – die meiste Vielfalt im Juni/Juli; Wasservögel: Eistaucher, Trompeterschwan, Schellente, Rothalstaucher, Rotkopf-, Vallisneria-, Schwarzkopfruderente, Ohrenscharbe, Nachtreiher, Kanadareiher; außerdem Sperlingsvögel, u. a. Schwarzspecht, Western Meadowlark, Goldwaldsänger, Pieperwaldsänger, Schnäpperwaldsänger und Brillenstärling.

Freizeitaktivitäten: Im Sommer Wandern, Schwimmen, Kanufahren, Segeln, Autofahrten durchs Bison-Reservat; im Winter Schneeschuhlaufen und Skilanglauf.

Zu beachten: Auch wenn es einen Zaun gibt, bleiben die Tiere wilde Tiere. Halten Sie bei der Beobachtung eine sichere Entfernung zu Bisons und anderen großen Säugern und erschrecken Sie sie nicht.

Rechts: *Besucher, die sich ganz still verhalten, begegnen am Amisk Wuche Trail vielleicht einem Elch.*

Größere Raubtiere wie Wölfe und Bären sind aus dem Park verschwunden, doch Kojoten kann man nach wie vor begegnen (unten links).

Der Leopardenfrosch ist in oder an den Gewässern des Elk Island Park zu Hause (unten rechts).

sie wieder anzusiedeln. Daher versuchen Wildhüter heute, eine natürliche Zusammensetzung der Herden zu gewährleisten – das Verhältnis von Männchen und Weibchen und die Altersstruktur müssen stimmen. Man trennt überzählige Tiere von der Herde und schickt sie woanders hin, wo sie eine neue Herde gründen können.

Wapitihirsche und mehr

Auch wenn viele Besucher verständlicherweise von den großen Säugetieren fasziniert sind, erforschen nicht wenige die subtileren Reize der vielschichtigen Landschaft. Zwischen den Zitterpappeln und den Rohrkolben der Sumpfgebiete, auf den grasbestandenen Wiesen und in den kleinen Seen leben Hunderte von Pflanzen, Vögeln und Insekten. Es lohnt sich, nach kleineren Säugern Ausschau zu halten, denn Biber, Richard's Ziesel und Bisamratten werden im Park regelmäßig gesichtet. Der hier ausgerottete Trompeterschwan wird derzeit mit viel Mühe wieder angesiedelt, und es gibt zahlreiche Entenarten wie Schwarzkopfruder-, Vallisneria- und

Blauflügelente. Prärie- und Rotschwanzbussarde nisten in den Bäumen und jagen über offenem Gelände. Viele Singvögel brüten im Park, und im Frühjahr wird der helle Gesang des Clay-Colored Sparrow fast vom pfeifenden Trällern des Wiesenstärlings übertönt. Auf den Wiesen, die sich mit Espen- und Nadelwäldern abwechseln, gedeihen Blütenpflanzen, u.a. Frauenschuh, *Cornus sericea* (eine Hartriegelart), Nordisches Labkraut und Büffelbeere, deren Blüten wiederum Schmetterlinge anlocken.

Die Natürlichkeit bewahren

Da große Raubtiere fehlen und natürliche Brände unterdrückt wurden, muss man sich ständig bemühen, das natürliche Ökosystem aufrechtzuerhalten. Landwirtschaft und Häuserbau außerhalb des Parks stellen negative Einflüsse dar. Pestizide und Herbizide gelangen mit dem Wind in den Park, ebenso Gartenpflanzen oder Futtergräser, die sich selbst aussäen. Dazu kommen wilde oder freilaufende Katzen, die in den Park eindringen.

Oben: *Beschaulicher Sonnenuntergang am Lake Astotin im Norden des Parks.*

Unten: *An vielen Seen des Parks brüten Kanadagänse.*

ONTARIO

In der größten Provinz Kanadas liegen die drei kleinsten Nationalparks des Landes: Georgian Bay Islands, St. Lawrence Islands und Point Pelee. Ontarios größter, bekanntester und meistbesuchter Wildnispark, Algonquin, besitzt dagegen nur den Status eines Provinzparks. Fast alle Einwohner Ontarios leben im Süden, in der gemäßigten borealen Region. Die ausgedehnten nördlichen und subarktischen Regionen sind hingegen nur dünn besiedelt. Welch ungeheure Weite sich hier auftut, erfährt jeder, der den Trans-Canada Highway entlangfährt. Auch wenn überall intensive Holzwirtschaft betrieben wird und andere menschliche Aktivitäten deutliche Spuren hinterlassen haben, vermittelt die Landschaft nach wie vor ein Bild von endloser ursprünglicher Wildnis.

Ontario wird vom Kanadischen Schild geprägt und besitzt Wälder und unzählige Seen. Zu den bekannten und typischen Tierarten der Taiga-Region zählen Eistaucher, Schwarzbär, Elch, Weißwedelhirsch, Kragenhuhn, Timberwolf und Meisenhäher. Das südliche Ontario beherbergt trotz der dichten Besiedlung und der großen Schäden, die den ursprünglichen Habitaten zugefügt wurden, noch immer viele der seltensten Spezies in Kanada. Die größte Artenvielfalt weisen die Tiefebenen am St. Lawrence River auf. Die großen Mischwälder, die inzwischen wieder weit verbreitet sind, stehen nur in einigen wenigen Parks, so etwa im Point Pelee National Park, unter Schutz. Viele der hier heimischen Pflanzen und Tiere leben nirgendwo sonst in Kanada, dazu zählen Zürgelbaum, Tulpenbaum, Sassafrasbaum, Fünfbinden-Skink, Fuchsnatter, Protonotarsänger, Weißkehlwachtel, *Rallus elegans* (ein Wachtelvogel), Karolina-Zaunkönig und Assapan (ein Gleithörnchen).

Außer den fünf hier beschriebenen Nationalparks gibt es in Ontario viele Provinzparks, von denen neben Algonquin die Parks von Rondeau, Long Point, Catechu, Polar Bear und Rainbow Falls die bedeutendsten sind.

Point Pelee National Park

Pilgerfahrt nach Pelee

»Rara avis in terris.« (Ein seltener Vogel auf dieser Welt.)
Juvenal

Der Point Pelee National Park ist der südlichste Nationalpark Kanadas und gilt als der beste Platz in ganz Nordamerika, um im Frühjahr den Vogelzug zu beobachten. Der Park ist berühmt für die seltenen Spezies unter den über 350 Vogelarten, die hier vorkommen. Point Pelee ist mit seinen 15 km^2 der zweitkleinste Nationalpark Kanadas und leidet mehr als jeder andere Park unter dem Besucheransturm. Er wurde 1918 vor allem zum Schutz der Zugvögel gegründet, bietet jedoch vielen anderen bedrohten Pflanzen und Tieren im so genannten Laurentischen Mischwald (nach Laurentia, dem latinisierten Namen des St. Lawrence River) Schutz. Trotz der vielen Besucher besitzt der Park noch immer das Flair von echter Wildnis.

Linke Seite: *Auf Point Pelee machen jedes Jahr vor allem im Mai Zugvögel Halt, darunter der Gelbschnabelkuckuck* (links oben), *der Baltimore-Trupial* (links Mitte) *und eine ganze Reihe von Waldsängern wie der Schnäpperwaldsänger* (links unten). *Silbermöwen versammeln sich am East Point Beach, der Südspitze Kanadas* (rechts).

Oben rechts: *Tausende von Monarchfaltern finden sich jedes Jahr für ein paar Tage im Park ein, um für ihre Weiterreise nach Mexiko auf gute Wetterverhältnisse zu warten.*

Vorhergehende Seiten: *Die endlose Wildnis des Algonquin Provincial Park zieht mit ihrer herbstlichen Farbenpracht, den schönen Trails und Kanurouten Millionen von Besuchern aus der näheren Umgebung an* (Seite 82). *Zu den Tieren, die im Schutz der Hartlaubwälder leben, zählt auch der Weißwedelhirsch* (Seite 83).

Vogelzug

Point Pelee ist eine 17 km lange, schmale Halbinsel, die Richtung Süden in den Lake Erie ragt und auf der Zugvögel, Schmetterlinge und Libellen einen Zwischenstopp einlegen. Viele verschiedene und seltene Vogelarten machen in großer Zahl auf ihrem Weg gen Süden in Point Pelee Halt. Zweimal im Jahr pilgern deshalb die Vogelliebhaber während des Vogelzugs im Herbst (Mitte August bis November) und im Frühjahr zum Park. Bei Vogelkennern am beliebtesten ist der Mai, wenn viele Vogelarten, vor allem Waldsänger, in ihrem farbigen Brutgefieder hier einfallen. Der Vogelzug kann ein prächtiger Anblick sein, und mit etwas Glück bekommen Sie zwischen den üblichen Vogelarten auch einen *rara avis* zu sehen.

Monarchfalter

Jedes Jahr im Herbst ist der Point Pelee Park Zwischenstation für Tausende von durchziehenden Monarch-

Lage: 50 km südwestlich von Windsor, Ontario. Windsor liegt auf der anderen Seite der Grenze von Detroit, Michigan. Point Pelee ist das am südlichsten gelegene Festland Kanadas.

Klima: Schwüles Kontinentalklima mit wechselhaftem Wetter. Mildernder See-Effekt: Spätes Ausschlagen der Bäume im Frühjahr, schwüle Sommer, wärmere Winter. Durchschnittstemperaturen im Jan. -3, im Juli 23 Grad. Niederschlag pro Jahr 81 cm.

Reisezeit: Ganzjährig. Einige Einrichtungen und Dienstleistungen nur Mai bis Okt. bzw. im Winter nur mit eingeschränkten Öffnungszeiten. Besucherzentrum ganzjährig geöffnet.

Anreise: Hwy 3 von Windsor, Hwy 401 von Toronto, Ausfahrt 48. Täglich Linienflüge nach Windsor, internationale Flughäfen in Toronto und Detroit.

Einrichtungen: Besucherzentrum, Trails, Picknickplätze, Strände, Holzstege durch die Sümpfe, Kanu- und Fahrradverleih (April bis Okt.). Camping im Park nicht gestattet; Campingplätze in der Nähe sowie in den Provinzparks Wheatley und Rondeau. In Leamington und Windsor alles für den Touristenbedarf.

Naturbeobachtungen: Zugvögel, Monarchfalter, viele seltene Pflanzen und Tiere.

Freizeitaktivitäten: Wandern, Radfahren, Picknicken, Kanufahren, Schwimmen, Schlittschuhlaufen, Angeln, Naturfotografie.

Zu beachten: 1. Derzeit sind viele Wanderwege gesperrt. Halten Sie sich an die Beschilderung. 2. Das Abspielen von Tonbandaufnahmen zum Anlocken von Vögeln ist verboten. 3. Zecken können Borreliose übertragen. 4. Giftsumach wächst als Strauch oder Kletterpflanze.

Oben: *Der Marsh Boardwalk erlaubt Besuchern, auf bequeme Art einen der schönsten Naturräume des Parks zu erforschen.* Unten: *Diese Schmuckschildkröte ist eine Vertreterin der außergewöhnlich vielen Kriechtierarten.*

faltern, die eine Abkürzung über den Lake Erie suchen. In kälteren Wetterperioden ruhen die Monarchfalter vor allem früh morgens in den Baumwipfeln und warten auf Wärme und Rückenwind. Ihr Ziel sind die 3000 km weiter südlich gelegenen immergrünen Wälder in den Bergen Zentralmexikos. Hier überwintern und brüten sie, bevor sie wieder nach Norden ziehen und unterwegs ihre Larven auf die Blattunterseite von Schwalbenwurzgewächsen ablegen. Die meisten erwachsenen Monarchfalter, die in Mexiko überwintern, überleben die Rückkehr nach Ontario nicht, doch ihr Nachwuchs schafft den Flug etwas später im Jahr.

Laurentischer Mischwald

Diese Form des artenreichen Mischwaldes ist eigentlich typisch für Regionen weiter im Süden, im Zentrum der USA. Doch im äußersten Süden Ontarios, dem südlichsten Zipfel Kanadas, hat sich dank des milden Klimas in der Umgebung der Großen Seen ein schmaler Streifen dieses Waldtyps ansiedeln können. Von der ursprünglichen Waldfläche sind heute nur noch zwei Prozent erhalten – der Rest ist der Landwirtschaft zum Opfer gefallen. Der Laurentische Wald ist artenreicher als jedes andere Habitat des Landes. Registriert wurden 70 Baumarten (darunter Zürgel- und Tulpenbaum sowie Honigakazie und Zuckerahorn), 47 Reptilienarten (u. a. Fünfbinden-Skink und Fuchsnatter), viele Vögel wie Weißkehlwachtel und Carolina-Zaunkönig sowie zahllose Wildblumen wie Schmetterlingskraut, Burning Bush oder Feigenkaktus.

Regenerationsbedarf

Der Park muss seit Jahrzehnten einen zu großen Besucheransturm verkraften. Fast 40 Prozent der Pflanzen sind hier eigentlich nicht heimisch, und diese Eindringlinge stellen für die ursprüngliche Vegetation eine ernste Bedrohung dar. Es ist natürlich unmöglich, jede einzige hier nicht heimische Pflanze zu entfernen, doch bei den aggressivsten unter ihnen – z. B. bei der Scheinakazie, dem Weißen Maulbeerbaum und dem Blutweiderich – wurde zumindest der Versuch unternommen. Heimische Sorten werden dort neu gepflanzt, wo sie verschwunden sind. Nur noch elf Prozent der Landfläche werden heute von Besuchereinrichtungen (einschließlich Straßen) beansprucht. Dies ist im Vergleich zu früher ein weitaus geringerer Prozentsatz. Viele Wanderwege wurden geschlossen, damit sich die Natur regenerieren kann. Assapane, eine Gleithörnchenart, die schon fast ausgerottet war, wurden erfolgreich wieder angesiedelt. Durch Auslese sorgt man für eine beherrschbare Anzahl von Weißwedelhirschen, da ihre natürlichen Feinde im südlichen Ontario bereits seit langer Zeit ausgerottet sind.

Der Park unter Druck

Point Pelee schützt das westliche Tiefland um den St. Lawrence River. Trotz aller Bemühungen ist diese kostbare und empfindliche Landschaft durch die Verschmutzung des Erie-Sees, durch zu viele Besucher und eine eingeschleppte, habitatfremde Flora und Fauna bedroht.

Pukaskwa National Park

Am Ufer des Lake Superior

»In der Früh' habe ich heute am Pukaskwa River die Gänse rufen hören, während ich mit meinem Trageband beschäftigt war.«
Wade Hemsworth, »The Wild Goose«

Der Pukaskwa Nation Park ist mit 1878 km² zwar einer der kleineren Nationalparks in Kanada, aber doch bei weitem der größte in Ontario. Kein Park Ontarios ist in weiten Teilen noch so unberührt wie der Pukaskwa Park, der als Teil des Kanadischen Schilds am nördlichen Rand des größten Sees der Welt, dem Lake Superior (»Oberer See«), liegt. Viele Besucher erforschen den Park von seinem kleinen Zugangsareal in der Nähe von Hattie's Cove aus. Danach erkunden die meisten die wild zerklüftete Küste des Sees, entweder auf dem Küstenwanderweg zum North Swallow River oder im Kanu auf einer Paddeltour.

Großes Wasser

Der Lake Superior beherrscht den Park. Er beeinflusst Wetter und Vegetation seiner Umgebung und wird von 800 Bächen und Flüssen gespeist. Der See, der bei den örtlichen Ureinwohnern *Gitche Gumee* (»Großes Wasser«) heißt, ist 82 100 km² groß, hat eine 4 400 km lange Küste und enthält ein Zehntel des gesamten Süßwasservorkommens der Erde. Das Wasser des Sees ist kalt, die Jahresdurchschnittstemperatur beträgt nur vier Grad. Und er ist nicht ungefährlich: Im November 1975 sank während eines heftigen Sturms das Erztransportschiff »Edmund Fitzgerald« mit seiner gesamten Besatzung – nur ein paar Stunden, nachdem es am Leuchtturm von Otter Island vor dem Pukaskwa Park vorbeigefahren war. Der Geistliche George Grant schrieb 1872: »Der Lake Superior ist ein Meer. Er bringt Stürme und Regen und Nebel hervor wie das Meer. Er ist wild, gebieterisch und Furcht erregend.«

Oben rechts: *Sanderlinge kommen jedes Jahr auf ihrem Vogelzug in den Park und suchen am Seeufer nach Nahrung.*

Am Rand der Wildnis

Im Gegensatz zu den meisten Nationalparks südlich der Arktis kann der Pukaskwa Park buchstäblich nur am Rand erforscht werden, entweder am Ufer des Lake Superior oder per Kanu bei einer Fahrt auf dem White River im Norden bzw. auf dem Pukaskwa River im Süden. Das Innere des Parks besteht aus dichtem Wald, der nur von wenigen Flüssen und Seen durchbrochen wird. Jeder, der versucht, sich dorthin durchzuschlagen, wird rasch aufgeben und verstehen, warum sich alle, die im »Busch« unterwegs waren – von den Ureinwohnern über die ersten europäischen Trapper bis hin zu den Stadtmenschen von heute – darauf beschränken, den Wasserstraßen oder den Trekkingpfaden zu folgen.

Es gibt kurze Wanderwege, die bei Hattie's Cove beginnen, und den meisten Besuchern genügt, was sie auf diesen Wegen sehen. Doch erst auf dem Küstenwander-

Lage: Am Nordufer des Lake Superior im Norden von Ontario, südlich des Trans-Canada Highway.

Klima: Durch den Einfluss des Sees ist das Wetter sehr wechselhaft. Winter lang, schneereich und kalt. Temperaturen im Juli/Aug. 10 bis 23 Grad. Die Niederschläge (in Form von Regen) 18 cm pro Jahr.

Reisezeit: Ganzjährig. Viele Einrichtungen und Dienstleistungen stehen jedoch nur im Sommer zur Verfügung.

Anreise: Mit dem Auto: von Heron Bay auf dem Hwy 627, von Marathon auf dem Hwy 626. Bus- und Flugverbindungen zwischen Marathon und Sault Sainte Marie sowie Thunder Bay.

Einrichtungen: Park: Campingplatz (67 Stellplätze); 10 Zeltplätze im Hinterland; Trails, Picknickplatz, Besucherzentrum. Die nahe gelegenen Orte Heron Bay und Marathon bieten alles für den Touristenbedarf.

Naturbeobachtungen: Da der Zutritt zum Parkinneren eingeschränkt ist, lassen sich hier Pflanzen und Tiere nicht so gut beobachten. Am North Swallow River brüten Vogelarten der borealen Zone, und am Ufer sowie in den Buchten gedeihen Pflanzen, wie sie für die Küste und die Arktis typisch sind.

Freizeitaktivitäten: Wandern, Kanu- und Kajakfahren, Campen, Segeln, Schneeschuhlaufen, Schwimmen, Angeln, Naturfotografie.

Zu beachten: Alle Flussfahrten, Rucksacktouren und Segeltörns müssen bei der Parkverwaltung angemeldet werden.

weg zum North Swallow River erlebt man die Wildnis wahrhaftig. Die 60 km lange Wanderung verlangt gründliche Vorbereitung und gute Kondition. Der Weg ist gut markiert, und wo nötig, gibt es Brücken. Einige schöne Zeltplätze liegen in der Nähe von geschützten Buchten und Stränden. Viele Vögel nisten hier, darunter Meisenhäher und Weißkehlammer. Küstenpflanzen, die sonst nur in arktischen Zonen vorkommen, gedeihen aufgrund der abkühlenden Wirkung des Sees, z. B. Franklins Frauenschuh, Großes Zweiblatt und Steinbrech.

Der Name Pukaskwa

Für viele Menschen ist die Pukaskwa-Region ein geheimnisvolles Land. Man weiß immer noch nicht genau, wer die flachen Gesteinsformation an den Steinstränden von Pukaskwa aufgeschichtet hat und warum. Es wird vermutet, dass sie für ihre Erbauer, möglicherweise die Anishabe-Indianer, spirituelle Bedeutung hatten. Auch der Ursprung des Namens Pukaskwa liegt im Dunkeln. Einige Forscher führen den Namen auf die Bedeutung »Fischesser« oder »sicherer Hafen« zurück, während Ojibway- und Cree-Forscher glauben, dass der Name Pukaskwa auf folgende Legende zurückgeht: Ein Mann namens Joe tötete demnach an der Flussmündung seine Frau, verbrannte ihre Leiche und warf die verkohlten Knochen in den Fluss. Die indianischen Ureinwohner benennen Menschen traditionell nach ihren Taten, und Joe erhielt den Namen *Opakasu*, was soviel heißt wie »Der Markknochen verbrennt«. So wurde der Fluss, in den er die Knochen warf, zu Pukasu, ein Name, der später zu Pukaskwa anglisiert wurde.

Gefahren für den Park

Der Pukaskwa National Park schützt das boreale Hochland des Kanadischen Schilds. Noch nicht abzuschätzen sind die Auswirkungen der Entwicklungen außerhalb des Parks: Holzfällerei, Suche nach Bodenschätzen, Bau von Wasserkraftwerken. Da seit langem natürliche Brände im Park unterdrückt werden, hat sich das Gleichgewicht der Waldflora verändert, und die Gefahr eines verheerenden Waldbrands ist groß. Aus noch unbekannten Gründen nimmt zudem die Zahl der Waldkaribus stetig ab.

Links oben: *Der Meisenhäher brütet tief im Wald, doch man begegnet ihm oft entlang der Pfade, die durch das Hinterland des Parks führen, sowie in der Nähe von Zeltplätzen, wo er gern nach Nahrung sucht.*
Links unten: *Auf dem Küstenwanderweg zum North Swallow River erlebt man die Wildnis aus erster Hand.*

Unten: *Der kräftig gezeichnete Fichtenwaldsänger hält sich meist in den oberen Zweigen von Nadelbäumen auf. Seine Anwesenheit verrät er durch seinen hohen Trillergesang.*

Oben: *Der Headland Trail führt am Ufer des Sees entlang zum Pulpwood Harbour.*

Links: *Die kalten und manchmal gefährlichen Gewässer des Oberen Sees (Lake Superior) beherrschen die Landschaft des Pukaskwa National Park.*

Georgian Bay Islands National Park

Inselkaleidoskop

»Diese schroffen, kahlen Inseln sind zweifellos faszinierend …«
Andrew Jackson, Maler aus der Gruppe der Sieben (Group of Seven)

Der Georgian Bay Islands National Park schützt das Tiefland rund um die große Georgian Bay am Lake Huron ebenso wie eine Inselgruppe innerhalb der Bucht. Es gibt zwar mehr als 30 000 Inseln am östlichen Ende der Bucht, doch nur 59 von ihnen sind (entweder teilweise oder ganz) in öffentlichem Besitz und stehen unter dem Schutz des Parks. Beausoleil Island ist die größte der geschützten Inseln. Sie umfassen zusammen eine Fläche von 25 km^2. Dieser Park beherbergt mehr Amphibien und Reptilien – darunter auch die berühmt-berüchtigte Massasauga-Klapperschlange – als jeder andere Nationalpark Nordamerikas. Die dramatische, abwechslungsreiche Landschaft der Georgian Bay und die unzähligen felsigen Inseln locken Künstler, Touristen, Forscher und Wochenendausflügler gleichermaßen an.

Linke Seite: *Der Fairy Lake Trail auf Beausoleil Island führt über das offen zutage liegende Felsgestein des Kanadischen Schilds.*

Rechts oben: *Die Kardinalslobelie ist nur eine von vielen Pflanzen, die in den unterschiedlichen Habitaten der Inseln gedeihen.*

Unerwartete Vielfalt

Oberflächlich betrachtet wird die Georgian Bay von den Granitfelsen des Kanadischen Schilds der präkambrischen Region sowie von jenen widerstandsfähigen Spezies beherrscht, die darauf gedeihen können. Doch tatsächlich bietet diese Übergangsregion zwischen den Nadelwäldern der Taiga und den Hartholzwäldern des südlichen Ontario mit ihren überraschend vielfältigen Habitaten Raum für eine große Anzahl von Pflanzen und Tieren. Es gibt vier verschiedene Lebensräume: Granitfelsen und Sandstrände, Feuchtgebiete, Mischwald und die äußeren Inseln.

Auf den frei liegenden Granitfelsen gedeihen ein paar widerstandsfähige Pflanzen, darunter Rock Polypody (eine Farnart), Gefingerter Lerchensporn, Kriech-Wacholder und Weymouthskiefer. In diesem Habitat brüten Prairie-Waldsänger und leben Fuchsnattern. Die Marschgebiete der Georgian Bay beherbergen über 35 Spezies von Amphibien und Reptilien, darunter Graue Baumfrösche, Moschusschildkröten, Gefleckte Furchenmolche, Wassernattern und Sumpfschildkröten; die ausgedehnten Feuchtgebiete schaffen Lebensraum für Libellen. Die Wälder bestehen vorwiegend aus Harthölzern, vor allem Buchen und Zuckerahorn, daneben gibt es Eichen, Bir-

Lage: Am südlichen Ende der Georgian Bay, Ontario. Der Park besteht aus drei Inselgruppen zwischen Macey Bay und Moose Deer Point vor der Küste der Georgian Bay. Alle umliegenden Inseln sind in Privatbesitz.

Klima: Kontinentalklima mit mildernden See-Einflüssen. Warme Sommer, kalte Winter, im Frühjahr und Herbst am stürmischsten. Hohe Wellen mit westlichen oder südwestlichen Winden. Niederschläge pro Jahr 1020 mm, davon 60 % zwischen Nov. und April. Im Sommer können rasch Gewitter aufziehen.

Reisezeit: Ganzjährig; doch nur Mitte Mai bis Sept. stehen alle Dienstleistungen zur Verfügung.

Anreise: Mit dem Boot von Honey Harbour, Midland oder Penetanguishene; private Wassertaxis von Honey Harbour. Nächster internationaler Flughafen Toronto; von dort auf dem Hwy 400 nach Norden bis zur Muskoka District Road 5, Ausfahrt (*Exit*) 5, links ab und auf der Muskoka Road 5 bis Honey Harbor (2 Autostunden).

Einrichtungen: Besucherzentrum mit Naturladen auf Beausoleil Island; 15 Campingplätze (200 Stellplätze) mit einer Ausnahme alle auf Beausoleil Island; Trails. Honey Harbour: Unterkünfte, Häfen, Bootsverleih, Läden und Dienstleistungen.

Naturbeobachtungen: Säugetiere selten; Juni/Juli gut für Vogelbeobachtung; Amphibien, Reptilien.

Freizeitaktivitäten: Wandern, Segeln, Schwimmen, Angeln, Radfahren, Picknicken, Naturfotografie, Tauchen, Schnorcheln.

Oben: *Das wie kunstvoll behauen wirkende Ufer von Bausoleil Island ist das Werk von Gletschern.*

Unten: *Die eindeutige Kopfmusterung der Massasauga-Klapperschlange verhindert, dass man sie mit anderen Schlangenarten auf der Insel verwechselt.*

ken, Pappeln und andere Ahornarten. Die meisten Waldblumen blühen Ende April bzw. Anfang Mai, bevor die Bäume ihr dichtes Blätterdach voll entwickelt haben. Zu dieser Jahreszeit sollten Sie nach Rotem und Weißem Dreiblatt, nach *Clintonia borealis*, Waldlilien, Portulak und Orchideen, darunter auch dem Frauenschuh, Ausschau halten. Auf den äußeren Inseln leben Kolonien von Heringsmöwen und Seeschwalben.

Die Massasauga-Klapperschlange

Die Massasauga-Klapperschlange lebt im Marschland rund um die Georgian Bay. Diese gefährdete Art, die früher in ganz Ontario verbreitet war, findet sich heute nur noch in kleinen Gruppen an der Spitze der Bruce Peninsula und an der Küste der Georgian Bay. Ihre Anzahl ist schwer festzustellen, doch man schätzt, dass es nur noch wenige tausend, vielleicht aber auch nur ein paar hundert von ihnen gibt. Die seltene Schlange findet sich in Gebieten, wo ihre Lieblingsnahrung reichlich zu finden ist: Frösche, kleine Amphibien und Säugetiere. Ihr Bewegungsradius ist begrenzt: Im Durchschnitt legt sie pro Jahr nur eine Strecke von insgesamt 700 m zurück – sie frisst, paart sich, brütet und überwintert innerhalb eines sehr kleinen Reviers. Das Wort *Massasauga* stammt aus der Sprache der Ojibwa und bedeutet »Große Flussmündung«, in Anlehnung an den Lieblingsaufenthaltsort der Schlange. Die Massasauga-Klapperschlange ist klein, hell- bis mittelbraun und hat ein dunkelbraunes Fleckenmuster auf dem Rücken, einen dreieckig geformten Kopf und gibt das bekannte Rasseln von sich. Sie ist sehr scheu, meidet jede Begegnung mit Menschen und beißt nur, wenn sie angegriffen wird. Schlangen sind für das Funktionieren eines gesunden Ökosystems sehr wichtig und sollten deshalb mit Respekt behandelt werden. Bis jetzt sind erst zwei Menschen am Biss einer Massasauga gestorben, und das auch nur, weil sie ärztlich nicht richtig behandelt wurden. Viele Menschen halten die häufiger vorkommende Fuchsnatter irrtümlich für eine Klapperschlange. Die Fuchsnatter ist schlanker, hat einen geraden, kupferfarbenen Kopf, einen spitz zulaufenden Schwanz, der manchmal zittert, jedoch nie rasselt, und einen gelblichen Körper mit schwarzen Flecken.

Der Erwerb der Inseln

Als die kanadische Bundesregierung im Laufe der 20er-Jahre die Notwendigkeit erkannte, in der Georgian Bay einen Nationalpark einzurichten, befanden sich fast alle Inseln in Privatbesitz. Zunächst wurden 29 Inseln erworben; im Laufe der Zeit konnten weitere angekauft werden. Dennoch ist der Park noch immer sehr klein und weiterhin bedroht von Freizeitaktivitäten. Der Park schützt einen Teil zweier Naturräume: die Central Great Lakes/St. Lawrence Precambrian und die West St. Lawrence Lowlands. Die größte Gefahr stellt die Verschmutzung der Georgian Bay durch Wassersport auf den umliegenden Gewässern (Motorboote) sowie durch die weiter entfernte Industrie und durch sauren Regen dar.

Algonquin Provincial Park

Ontarios zugängliche Wildnis

»Jetzt beheult der Wolf den Mond.«
William Shakespeare, »Ein Sommernachtstraum«

Der Algonquin Provincial Park ist der älteste und größte Schutzpark in Ontario. Er wurde 1893 auf Betreiben der Forstwirtschaft gegründet, die sich ein gutes Jagdgebiet sichern wollte. Der Park umfasst 7725 km² Wildnis. Seine Nähe zum dicht besiedelten Süden Ontarios – 10 Mio. Menschen leben nur ein paar Autostunden entfernt – sowie die Faszination seiner einsamen, natürlichen Schönheit locken viele Besucher an. Einige kommen, um sich in exklusiven Hotels und Resorts zu entspannen, andere suchen in der Wildnis Ruhe und Anregung. Die Maler von Kanadas bekannter Künstlergruppe *Group of Seven* ließen sich hier inspirieren. Besonders beliebt ist der Park bei Kanuten, die über 1500 Seen und Wasserwege erforschen können, und bei Wanderern und Skilangläufern, die hier den Wechsel der Jahreszeiten genießen.

Wechsel der Jahreszeiten

Der Höhepunkt des Jahres in diesem Park ist der Herbst, wenn die unterschiedlich gefärbten Laubbäume das Land in ein Farbenmeer aus Rot, Gelb, Grün und Orange tauchen. Am besten lässt sich dieses Schauspiel von Ende September bis Mitte Oktober beobachten, doch die genauen Zeiten sind jedes Jahr unterschiedlich. Der Herbst ist auch eine gute Zeit für Kanuten, die dann den Park erforschen können, ohne von stechenden Insekten belästigt zu werden. Auch im Winter hat der Algonquin Park viel zu bieten, denn er kann mit mehr als 80 km Langlaufloipen aufwarten. Alle Wanderwege sind für Schneeschuhläufer zugänglich. Der Highway 60 wird im Winter geräumt und gestreut, und der Campingplatz am Mew Lake ist auch im Winter geöffnet. Bei kommerziellen Anbietern kann man Touren mit Hundeschlitten buchen. Im Frühjahr ist die Chance, Elche zu sichten, am größten, und die Wildblumen stehen dann vor allem im Laubwald in schönster Blüte. Mehr als 250 Spezies umfasst die Fauna des Parks; dazu zählen Schwarzspecht, Tannenhuhn, Meisenhäher, Hudsonmeise und Graukopf-Waldsänger.

Die meisten Menschen besuchen den Park im Sommer (Juli/August), wenn das Freizeitangebot am größten ist. Viele Einwohner von Toronto und Ottawa verbringen hier ihre Ferien. In der Hitze eines südlichen Sommers sind die kühlen Seen und Wälder besonders einladend.

Die Wildnis genießen

Aus Bequemlichkeit halten sich die meisten Parkbesucher in der Nähe des Straßenkorridors auf, picknicken, schwimmen, zelten und angeln oder nehmen an den Veranstaltungen des Parks teil. Wer mehr Forscherdrang

Oben rechts: *Timberwölfe lassen sich nur selten blicken, doch ihr Geheul ist typisch für die Wildnis von Algonquin.*

Lage: In Süd-Ontario 281 km nordöstlich von Toronto und 235 km nordwestlich von Ottawa (auf halber Strecke zwischen Ottawa und Sudbury).

Klima: Kontinental: kalter Winter, warmer Frühling und Herbst, heißer Sommer. Das Eis auf den Seen schmilzt normalerweise Ende April.

Reisezeit: Ganzjährig. Viele Einrichtungen und Dienstleistungen jedoch nur Mai bis Okt. Juli/Aug. sowie an Frühjahrs- und Herbstwochenenden Campingplatz bzw. Unterkunft rechtzeitig reservieren.

Anreise: Auf dem Hwy 60, von Huntsville (Richtung Westen) oder Renfrew (Richtung Osten).

Einrichtungen: Besucherzentrum (ganzjährig, Mai bis Okt. täglich, sonst an Wochenenden und Feiertagen); Trails, Campingplätze (8 mit 1200 Stellplätzen) sowie Zeltplätze mit 1900 Plätzen im Hinterland. In den nahe gelegenen Orten alles für den Touristenbedarf, Unterkünfte, Outfitter, Verleih von Ausrüstung, Tankstellen.

Naturbeobachtungen: Elche (vor allem Mai/Juni), Weißwedelhirsche, Schwarzbären, Biber, Timberwölfe. Laubfärbung von Ende Sept. bis Mitte Okt. am schönsten.

Freizeitaktivitäten: Wandern, Naturfotografie, Kanufahren, Camping, Picknicken, Skilanglauf, Mountainbiking, Radfahren, Hundeschlitten-Touren, Reiten, Wolf Howl; Algonquin Logging Museum, Algonquin Gallery (Tier- und Pflanzenmalerei).

Zu beachten: Halten Sie sich an die Geschwindigkeitsbegrenzung. Jedes Jahr werden mehr als 30 Elche getötet, weil sie mit Autos zusammenprallen.

aufbringt, unternimmt Wanderungen auf den zahlreichen Wegen des Parks, die sowohl in der Nähe der Straßen liegen als auch tief ins Hinterland führen. Wer sich abseits der ausgetretenen Pfade bewegen möchte, begibt sich auf einen der beiden großen Wanderwege, die ins Parkinnere führen. Die über 1 500 Seen und Flüsse im Park sind bei Kanuten so beliebt, dass die Zeltplätze entlang der Kanustrecken häufig lange im Voraus ausgebucht sind. Im Winter nimmt die Zahl der Besucher naturgemäß ab. Wer dennoch kommt, wird mit einigen der schönsten Langlaufloipen Süd-Ontarios belohnt.

Tiere beobachten

Besonders einfach kann man Tiere entlang des Hauptkorridors durch den Park am Highway 60 beobachten – und zwar am besten früh morgens oder spät abends. Wenn möglich sollten Sie bei Tagesanbruch, wenn es noch kühl ist und nicht so viele stechende Insekten unterwegs sind, auf die Pirsch gehen. Die besten Plätze sind Moore, Biberteiche und Wiesen. Zu sehen gibt es Elche (vor allem im Mai und Juni), Weißwedelhirsche, Schwarzbären und Biber (die sich im September und Oktober am ehesten morgens oder in der Abenddämmerung zeigen). Wenn Sie vom Auto aus ein Tier sichten, fahren Sie vorsichtig auf den Seitenstreifen. Einige der Tiere bekommen Sie vielleicht auch beim Wandern auf den kürzeren Wegen zu sehen, die vom

Oben: *Von Ende September bis Anfang Oktober ist die Farbenpracht der Laubbäume am schönsten.*

Rechts: *Der Opeango Lake vermittelt im Spätsommer jene Ruhe und Schönheit, die so viele Besucher in den Park lockt.*

Highway 60 abzweigen, z. B. auf dem Beaver Pond Trail, dem Spruce Bog Boardwalk und dem Mizzy Lake Trail. Im Algonquin Park hält sich auch das am weitesten südlich lebende Wolfsrudel Nordamerikas auf. Das Geheul der Wölfe ist vor allem im Spätsommer häufig zu hören. Die Parkverwaltung organisiert im August eine Veranstaltung mit dem Namen *Wolf Howl* (»Wolfsgeheul«), wenn sie ein »zugängliches« Rudel entdeckt hat. Nach Anbruch der Dunkelheit führen Zoologen die Besucher zu einer Stelle, an der sich ein Wolfsrudel versammelt, nachdem die Jungen fast ausgewachsen sind. Die Zoologen imitieren das Wolfsgeheul, um so das Rudel zu einer Antwort zu provozieren. Sie sind damit zwar nicht immer erfolgreich, doch das Erlebnis kann unvergesslich sein.

Holzschlag

Die Gesetzgebung erlaubt es, dass die Ressourcen des Parks ausgebeutet werden. Die Holzfällerei ist in 80 Prozent des Provinzparks erlaubt. Lediglich innerhalb des Straßenkorridors und in Sichtweite von Wanderwegen und Kanurouten im Hinterland ist sie nicht gestattet.

Oben: *Den Mizzy Lake erreicht man auf einem kurzen Wanderweg, der vom Highway 60 abzweigt.*

Unten: *Der charakteristische Ruf des im Park heimischen Eistauchers hallt nachts über den Joe Lake.*

Bruce Peninsula National Park & Fathom Five National Marine Park

Eine wilde Weite aus Land und Wasser

»Wenn ein Besucher an einer zerklüfteten, wilden Weite aus Land und Wasser Gefallen findet, wird er sich in den Bruce Park verlieben.«
W. Sherwood Fox, »The Bruce Beckons«

Der Bruce Peninsula National Park und der Fathom Five National Marine Park werden gemeinsam verwaltet, um zu Land und zu Wasser die Lebensräume des Niagara Escarpment zu schützen; das Felsband fällt hier in die Georgian Bay ab. Die Parks wurden 1987 gegründet und haben zusammen eine Größe von 154 km². Die lang gestreckte, schmale Bruce-Halbinsel trennt den Lake Huron und die Georgian Bay und birgt verschiedene Habitate: Sandsteinklippen, Mischwälder, flache Karstformationen, Gewässer und Strände. Auf der Halbinsel verläuft ein Teil des Bruce Trail, einer der schönsten Wanderwege der Welt, der außerhalb des Parks weiter bis zu den Niagarafällen führt. Fathom Five ist der erste nationale Meerespark und schützt zwanzig der Tobermory Islands an der Mündung der Georgian Bay sowie das Unterwasser-Ökosystem bis zu einer Tiefe von 200 m. Der Park umfasst 112 km² kristallklarer Gewässer und ist ein beliebtes Ziel bei Wracktauchern.

Linke Seite:
Das Nordufer der Bruce-Halbinsel ist Teil des Niagara Escarpment (oben). *Flowerpot Island im Fathom Five National Park ist nach den ungewöhnlichen Steinsäulen aus Kalkstein benannt, die an Blumentöpfe erinnern* (unten links). *Die »Sweepstakes« ist das bekannteste der vielen Schiffswracks, die hier im kristallklaren Wasser auf Grund liegen* (unten rechts).

Oben rechts: *Der 1856 erbaute Leuchtturm auf Cove Island wurde restauriert und ist heute der Öffentlichkeit wieder zugänglich.*

Das Niagara Escarpment

Das Herz des Bruce Peninsula National Park ist das Niagara Escarpment, ein fast 800 km langes Kalksteinriff, das sich von Tobermory bis zu den Niagarafällen erstreckt. Der weltbekannte Bruce Trail folgt der Schichtstufe (*escarpment*) auf 782 km von Little Tub Harbour nach Queenston Hights. Der Trail wird fast auf ganzer Länge von freiwilligen Helfern kontrolliert und gewartet.

Lage: An der Spitze der Bruce Peninsula bei Tobermory, nordwestlich von Toronto. Der Bruce Peninsula National Park umfasst das Niagara Escarpment zwischen Georgian Bay und Lake Huron.

Klima: Kontinental, durch den See abgemildert. Kühles Frühjahr, warmer, trockener Sommer, freundlicher, doch stürmischer Herbst und bewölkter, kalter Winter. Durchschnittstemperaturen: Juli 17,5, Feb. -7 Grad.

Reisezeit: Ganzjährig. Viele Dienstleistungen werden jedoch im Winter nicht angeboten.

Anreise: Von Süden über den Hwy 6; von Norden via Ontario Northland Ferry mit der »Chi-Cheemaun« (nicht im Winter, Tel. 519/596-2510). Von Toronto 3 Autostunden.

Einrichtungen: Park: Besucherzentrum in Tobermory, Campingplatz, Trails, Picknickplätze. Flowerpot Island: Pier, Camping im Hinterland. Tobermory: Unterkünfte, Campingplätze, Läden, medizinische Hilfe. Ähnliche Angebote entlang des Hwy 6. Fähre M.S. »Chi-Cheemaun« zwischen Tobermory und South Baymouth auf Manitoulin Island.

Freizeitaktivitäten: Wandern, Picknicken, Schwimmen (Singing Sands Area), Angeln, Kanu- und Kajakfahren, Tauchen, Schnorcheln, Ausflüge mit dem Glasbodenboot, Segeln, Skilanglauf, Schneeschuhlaufen, Wintercampen.

Zu beachten: 1. Taucher müssen sich am Little Tub Harbour in Tobermory anmelden. 2. Lagerfeuer sind im Park nicht gestattet.

Oben: *Die Kalksteinspalten und -höhlen auf Russel Island stellen für den Rotfuchs ein gutes Jagdrevier dar* (links). *Die* Platanthera blephariglottis *ist eine von vielen Orchideenarten, die auf den sauren Böden der Insel gedeihen* (rechts).

Unten: *Strumpfbandnattern sind in den St. Lawrence Lowlands weit verbreitet.*

Rund 35 km des Weges verlaufen durch den Park, und es gibt zwei ausgewiesene Zeltplätze (allerdings mit jeweils nur neun Plätzen).

Der saure Boden auf dem Escarpment ist ideal für Orchideen, von denen hier über 40 Arten gezählt wurden, darunter die Norne, die sehr seltene Orchideenart *Piperia unalescensis* sowie der Frauenschuh. Zu den anderen ungewöhnlichen Pflanzen zählen Indian Plaintain, Dwarf Lake Iris und der Schildfarn. Die Weymouthskiefer hat sich an die raue Umgebung am Rande des Niagara Escarpment angepasst. Neuesten Studien zufolge sind einige der Bäume am Escarpment über 900 Jahre alt und damit neunmal so alt, wie diese Bäume normalerweise werden. Ein Baum auf Flowerpot Island soll sogar älter als 1800 Jahre alt sein.

Ein Paradies für Taucher

28 Schiffswracks liegen in den Gewässern des Parks. Da die Sicht unter Wasser oft sehr gut ist, sind diese Wracks beliebte Ziele für Taucher und Schnorchler. Der Gewässergrund von Fathom Five besteht aus Kalkstein, der für viele Lebensformen zu säurehaltig ist. Es gibt wenig Sedimente, und das Wasser ist sehr klar: Das Licht dringt stellenweise mehr als 20 m in die Tiefe. Für diejenigen, die die Unterwasserwelt trocken genießen wollen, werden Ausflüge mit dem Glasbodenboot angeboten. Das bekannteste Wrack ist das der »Sweepstakes«, eines 36 m langen Schoners, der 1885 im Big Tub Harbour sank. Die hohe Zahl der Schiffswracks in diesen Gewässern ist der tückischen Spitze der Bruce-Halbinsel zu verdanken. Obwohl seit 1856 auf Cove Island ein Leuchtturm steht, sanken hier zwischen 1880 und 1920 – als der Schiffsverkehr besonders rege war – zahlreiche Schiffe. Heute ist der Leuchtturm eine restaurierte historische Stätte, die besichtigt werden kann.

Starke Beanspruchung

Der Bruce Peninsula National Park ist Teil der St. Lawrence Lowlands. Auf einigen stark frequentierten Wegen wurde die Vegetation schwer in Mitleidenschaft gezogen. Auch viele Freizeitaktivitäten außerhalb der Schutzzonen bedrohen die Ressourcen des Parks. Flowerpot Island, nach seinen Steinsäulen benannt, die an Blumentöpfe erinnern, war früher Teil des Georgian Bay Islands National Park und steht seit 1930 unter Schutz.

St. Lawrence Islands National Park

Garten des großen Geistes

»… für die Menschen und ihre Lieblingsinseln.«
W. H. Auden

Der St. Lawrence Islands National Park wurde 1914 gegründet und ist mit 9 km² Kanadas kleinster Nationalpark. Er umfasst 23 bewaldete Inseln, die alle Teil der Thousand-Islands-Region von Ontario und in der Mehrzahl zwischen 4 und 12 ha groß sind. Die kleinste Insel, Mermaid, erstreckt sich jedoch nur über 2 ha, die größte, Grenadier, kann mit 155 ha aufwarten. Die indianischen Ureinwohner nannten die Thousand-Islands-Region *Manitouana* (»Garten des großen Geistes«). Sie entstand ihrer Meinung nach aus Blütenblättern, die aus dem himmlischen Garten des Großen Geistes herabfielen. Die Franzosen waren die ersten Europäer, die sich hier ansiedelten. Sie nannten die Region *Le Lac des Mille Îles* (»See der tausend Inseln«). In Wirklichkeit liegen jedoch über 1700 Inseln und Inselchen im mächtigen St. Lawrence River, einer der schönsten Flusslandschaften der Welt.

Die Inseln sind die stark verwitterten Spitzen uralter Berge, die einmal die Verbindung zwischen den Adirondack Mountains des Staates New York und dem Kanadischen Schild darstellten. Die Mississauga waren die ersten Einwohner dieses Gebiets. Zu Beginn des 20. Jahrhunderts übergaben sie das Land der Regierung zu treuen Händen. Die Regierung »dankte« es ihnen, indem sie die meisten der Inseln an Privatleute verkaufte, die darauf Sommerhäuser errichteten. 1904 ersuchten einige Anwohner die Regierung, die letzten Inseln zu behalten. Ein Jahrzehnt später wurde der Nationalpark eingerichtet.

Minihabitate

Auf den Inseln sind bemerkenswert viele verschiedene Pflanzen und Tiere zu finden, die in unterschiedlichen, auf engem Raum nebeneinander liegenden Habitaten existieren. Die Inseln bestehen alle aus Milliarden von Jahren altem Fels aus dem Präkambrium, doch leichte Veränderungen an der Oberfläche haben spezielle Lebensräume geschaffen. Auf den geschützten, kühlen und nassen Abhängen, die Richtung Nordosten zeigen, wachsen Nadelbäume, die sonst eher weiter im Norden gedeihen. Auf den sonnigeren, trockeneren Gebieten, die Richtung Südwesten zeigen, finden sich die eher für den Süden typischen Hartholzwälder. In dieser Region sind viele seltene Spezies beheimatet, darunter Pflanzen wie Pechkiefer oder Hickory-Nuss und Tiere wie die Amerikanische Zwergdommel und der Wildtruthahn. Auf einigen Inseln ist die gefährdete Schwarze Erdnatter vertreten; sie ist die größte Schlange Kanadas und wird bis zu 2,5 m lang. Viele Vögel brüten

Oben rechts: *Die Amerikanische Zwergdommel ist einer von vielen ungewöhnlichen Vögeln, die hier brüten.*

Lage: Im St. Lawrence River, flussabwärts vom Lake Ontario, östlich von Kingston, an der Grenze zu den USA, die durch den Fluss verläuft.

Klima: Schwüles Kontinentalklima, das vom Wasser gemildert wird. Der Fluss ist von Ende Dezember bis Anfang April zugefroren. Durchschnittstemperaturen Jan. -8, Juli 21 Grad.

Reisezeit: Ganzjährig. Die meisten Besucher kommen jedoch zwischen Mai und Okt. Viele Einrichtungen und Dienstleistungen stehen außerhalb dieser Zeit nicht zur Verfügung.

Anreise: Mit dem Auto: östlich von Kingston auf den Hwy 401 bis nach Mallorytown Landing, dem einzigen Festland des Parks. Der nächste Flughafen ist in Kingston, Ontario. Bootsfahrten und -verleih in Rockport, Ivy Lea und Gananoque.

Einrichtungen: Campingplätze: einer auf dem Festland, 15 auf den Inseln; Trails, Picknickplätze, Besucherzentrum mit Naturladen, Strand, Anlegeplätze (nur für tagsüber). In der Umgebung (u. a. in Gananoque und Kingston) alles für den Touristenbedarf.

Naturbeobachtungen: Botanische Studien: z. B. Pechkiefer und die Blaubeerart *Vaccinium stamineum*. Vögel: Amerikanische Zwergdommeln, Grasmücken, Fliegenschnäpper, Enten (u. a. Vallisneria-, Schell- und Nordische Eisente); Weißkopfseeadler (im Winter).

Freizeitaktivitäten: Bootfahren, Wandern, Campen, Picknicken, Schwimmen, Skilanglauf, Tauchen, Segeln, Kajakfahren, Naturfotografie.

Oben: *Einen schönen Blick auf die Thousand Islands hat man vom Lookout Tower.*

auf den Inseln, z. B. Reiher, Seeschwalben und Fischadler sowie eine Vielzahl von Waldvögeln, zu denen Kiefern- und Pieperwaldsänger gehören. Im Winter versammeln sich Wildenten am Fluss, wenn das rasch dahinfließende Wasser im Eis Lücken hinterlässt.

Vielbefahrene Wasserstraße

Würde man die Seen und Flüsse zur Zeit der ersten europäischen Siedler mit den heutigen Straßen vergleichen, dann war der St. Lawrence River die vielspurige Autobahn des Landes. Die Ureinwohner hatten den Strom schon immer genutzt, und auch die ersten Pelzhändler paddelten ihn hinauf und hinunter. Nach dem Amerikanischen Unabhängigkeitskrieg (1775–83) ließen sich viele Amerikaner, die auf englischer Seite gekämpft hatten, in der Region nieder, und die landwirtschaftliche und die industrielle Entwicklung kam in Schwung. Während des Krieges von 1812–14 wuchs die wirtschaftliche Bedeutung der Region noch, und später kamen Tausende neuer Einwanderer über die Inseln nach Kanada. Im Zeitalter der Eisenbahn, in den 1850er-Jahren, nahm die Bedeutung des Flusses als Transportweg ab. Die Eisenbahn sorgte jedoch dafür, dass die Region als Erholungsgebiet erschlossen wurde; seitdem sind die Thousand Islands ein beliebtes Naherholungsgebiet.

Links: *Viele Wildenten wie die Schellente versammeln sich im Winter an den eisfreien Flussabschnitten.*

Viel Betrieb auf dem Wasser

Der St. Lawrence Islands National Park umfasst zwei getrennte Regionen der St. Lawrence Lowlands: die Central Great Lakes und die St. Lawrence Precambrian Region. Der Park liegt innerhalb einer der meist befahrenen Berufsschifffahrtsstraßen der Welt. Hinzu kommen jedes Jahr Tausende von Sport- und Freizeitbooten. Verschmutzung und Überlastung der Gewässer stellen eine stete Bedrohung dar, und die geografische Struktur – Inseln, die über 80 km Wasserstraße verstreut sind – macht es schwierig, deren Auswirkungen auf den Park festzustellen.

Im Frühjahr verwandeln sich die Thousand Islands in ein wahres Blütenmeer.

QUEBEC

Die zweitgrößte Provinz, die sich stolz *la belle province* (»die schöne Provinz«) nennt, erstreckt sich über rund 2000 km Länge von Süd nach Nord über vier Klima- bzw. Vegetationszonen: die gemäßigte boreale, die boreale, die subarktische und die arktische Zone. Die drei Nationalparks liegen dort, wo auch der größte Teil der Bevölkerung lebt: im Süden, in der Nähe des St. Lawrence River. Über diesen größten Fluss des Landes, der in den Atlantik fließt, entwässern auch die Großen Seen. Der St. Lawrence River mündet in den Gulf of St. Lawrence, an den fünf Provinzen grenzen. Zwei große Inselgruppen im Golf gehören zu Quebec: Anticosti und die Îles de la Madelaine. Die Artenvielfalt in dieser kanadischen Provinz ist groß – von den Walrossen im hohen Norden bis zu den Weißwedelhirschen im Süden, von Connecticutwaldsängern im Hinterland bis zu Papageitauchern an der Küste.

Der Kanadische Schild prägt den Norden der Provinz. Er ist der Garant für den Reichtum an Bodenschätzen, an Holz und Wasserkraft. Die verwitterte Gebirgskette der Appalachen bildet das Rückgrat der Gaspé-Halbinsel im Südosten der Provinz, und im hohen Norden von Quebec machen die Wälder der kargen Tundra Platz. Das weitläufige Quebec hat dank seiner geografischen Vielfalt für Naturliebhaber zahlreiche Höhepunkte zu bieten: Die Versammlung der Schneegänse am Cap Tourmente, die leuchtenden Herbstfarben der Laubwälder im Süden, die Wale im Saguenay-Fjord und die Wanderzeit der Zugvögel am Mont Royal sind nur einige davon.

Neben den Nationalparks gibt es zahlreiche Provinzparks, von denen ebenfalls viele im Süden liegen. Die nördlichen Regionen werden daher zum großen Teil nicht ausreichend vor Kahlschlag und Wasserkraftprojekten geschützt. Zu den besonders beliebten Provinzparks gehören Gatineau, Gaspé, Mont Jacques-Cartier, Mont Tremblant und Grands Jardins.

25

La Mauricie National Park

Alte Landschaft, neuer Park

»Der einsame Ruf eines Eistauchers von einem versteckten See. Frieden, Zufriedenheit.«

Grey Owl (Wa-sha-quon-asin), »Men of the Last Frontier«

Der La Mauricie National Park liegt mitten im Süden von Quebec und schützt einen Teil der rauen Laurentian Hills (des Laurentischen Gebirges) am Rand des Kanadischen Schilds aus dem Präkambrium. Der hufeisenförmige und mit 536 km² relativ kleine Park, der ein Fundament aus Milliarden von Jahren altem Gestein besitzt, wurde erst 1970 zum Nationalpark erklärt. Regelmäßig bekommen Besucher im Park den Eistaucher zu Gesicht und zu Gehör. Die abwechslungsreichen und lauten Rufe dieses Vogels sind sozusagen die Erkennungsmelodie der ausgedehnten Wälder im Norden Kanadas.

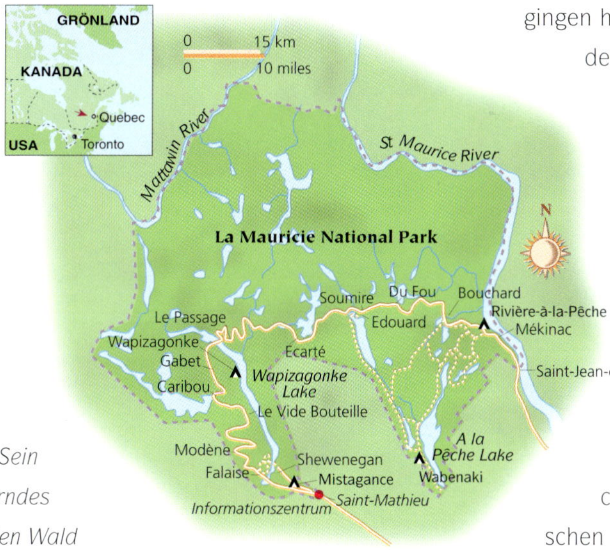

Die Ureinwohner dieser Region, die Algonquin- und Attikamek-Indianer sowie die Irokesen und Huronen, gingen hier auf Jagd. Mit dem Eintreffen der Europäer wurde das Gebiet rücksichtslos ausgebeutet: Es wurde gejagt, es wurden Fallen gestellt, Bäume gefällt und Bodenschätze abgebaut. Auch wenn der Park jetzt unter Schutz steht, leidet er unter der Nähe zu den Ballungsräumen von Montreal und Quebec. Jährlich besuchen mehr als 300 000 Menschen diesen relativ kleinen Wildnispark. So besteht die Gefahr, dass sein Ökosystem durch den Ansturm der zahlreichen Bewunderer ernsten Schaden nimmt.

Ein Hauch von Wildnis

La Mauricie eignet sich mit seinen zahlreichen kleinen Seen gut dazu, Kanufahren zu lernen. Mit Stromschnellen muss man nicht rechnen, allerdings gibt es einige lange Portagestrecken. Auch Skilanglauf ist im Park sehr beliebt. Entlang der 80 km langen Loipen findet sich alle 5 km eine Hütte, in der sich die Läufer aufwärmen können. Die meisten Besucher halten sich je-

Linke Seite: *Der Eistaucher hat ein außerordentlich großes musikalisches Repertoire: Sein mal heulendes, mal gackerndes Rufen hallt nachts durch den Wald* (oben). *In der Nähe des Wabenaki Lake finden Skilangläufer eine Unterkunft* (unten links). *Im Erholungsgebiet Shewenegan können Besucher Kanus mieten* (unten rechts).

Oben rechts: *Das zutrauliche Rothörnchen bekommt man häufiger zu sehen als die größeren Säugetiere des Waldes.*

Vorhergehende Seiten: *Der Les Cascades River fließt durch den La Mauricie National Park* (Seite 102). *Das Moorschneehuhn bevorzugt Felsabhänge und die Tundrazonen im Norden der Provinz* (Seite 103).

Lage: 200 km nördlich von Montreal, Quebec.

Klima: Schwüles Kontinentalklima mit kalten Wintern und heißen Sommern, Frühjahr und Herbst mit angenehmen Temperaturen.

Reisezeit: Ganzjährig. Die meisten Einrichtungen und Dienstleistungen jedoch nur Mitte Mai bis Mitte Okt. verfügbar.

Anreise: Von Montreal oder Quebec-Stadt auf dem Hwy 40 nach Trois-Rivières, dann auf dem Hwy 55 nach Norden; Ausfahrt (*Exit*) 217 zum Eingang Saint-Gérard-des-Laurentides auf der Westseite des Parks; Ausfahrt 226 zum Eingang Saint-Jean-des-Piles auf der Ostseite. Der Park ist 200 km von Montreal, 60 km von Trois-Rivières und 190 km von Quebec entfernt.

Einrichtungen: Trails, Infotafeln, Besucherzentrum mit Naturbuchladen, Picknickplätze, Campingplätze (drei im Vorland mit 518 Stellplätzen, im Hinterland 181 Stellplätze); Bootsrampe und Anlegeplätze, Unterkünfte, Spielplatz, Bootsverleih. In den umliegenden Orten gibt es alles für den Touristenbedarf.

Naturbeobachtungen: Elche, Biber (am besten in der Morgen- und Abenddämmerung). Eistaucher bekommt man am häufigsten nachts zu hören, doch sind sie tagsüber oft auf den Seen zu beobachten. An den Trails am Lac-Étienne, von La Cache und Lac-Gabet gibt es Unterstände, von wo aus man die Tiere mit dem Fernglas beobachten kann.

Freizeitaktivitäten: Wandern, Schwimmen, Picknicken, Tauchen, Angeln, Kanufahren, Skilanglauf, Mountainbiking.

Oben: *Vom Aussichtspunkt Île Les Pins schweift der Blick über die ausgedehnten Wälder des Parks.*

doch in den Randzonen des Parks auf und nehmen die Mühsal einer Tour durchs Hinterland nicht auf sich. Ebenso hielten es die gut betuchten Mitglieder der zahlreichen Fish and Game Clubs (Angler- und Jägervereine), die es hier bereits seit 1833 gab. Die exklusive Mitgliedschaft in einem solchen Klub war ein Privileg, das dem Betreffenden den Zutritt zum Gelände und damit die Möglichkeit zum bequemen Angeln und Jagen verschaffte. Die Wabenaki und die Andrew Lodge sind Überbleibsel aus jener Epoche. Der restriktive Zugang trug zwar dazu bei, dass nicht unkontrolliert gejagt oder geangelt wurde, dafür wurden jedoch viele nicht heimische Fische ausgesetzt, was bis heute Folgen für die Umwelt hat.

Rechts: *Dass sich in der Nähe Biber aufhalten, erkennt man oft an den Schäden, die sie den Bäumen in ihrem Terrain zufügen.*

Die Eistaucher

Eistaucher zählen zu den ältesten Vogelarten der Welt; es gibt sie seit über 60 Mio. Jahren. Eistaucher können gut schwimmen und schnell fliegen, doch auf dem Land bewegen sie sich unbeholfen. Das Weibchen legt zwei Eier, um die sich beide Elternteile aufmerksam kümmern. Eistaucher brüten in allen Provinzen Kanadas und überwintern sowohl an der Atlantik- als auch an der Pazifikküste. Die Vögel sind für ihr charakteristisches Rufen bekannt, das mal traurig, mal gackernd über den See schallt. Die Rufe ertönen oft nachts, und zu einem Abend am Lagerfeuer gehört der Ruf des Eistauchers einfach dazu.

Links: *Ein herbstlich gefärbtes Ahornblatt ist wie der Ruf des Eistauchers eine Art Wahrzeichen für die Parks von Quebec.*

Links: *Aufmerksame Wanderer können auf dem Waldboden Blumen wie diese purpurne Waldlilie (Dreiblatt) entdecken.*

Unten: *Der Rotfuchs ist ein gewandtes Raubtier und ernährt sich hauptsächlich von kleinen Nagetieren.*

Schutz der Eistaucher und Kiefern

Der La Mauricie National Park schützt einen Teil des Kanadischen Schilds und boreales Hochland mit laurentischem Wald. Früher war die Weymouthskiefer der dominierende Baum, heute macht sie nur noch ein Prozent des Bestandes aus. Mit kontrollierten Bränden will man die Zahl der Kiefern im Park allmählich wieder erhöhen, da das Überleben von Kiefern brandabhängig ist.

Die Zahl der Eistaucher geht gegenwärtig zurück. 25 der Seen im Park waren zum Brüten geeignet, mittlerweile scheinen die Vögel jedoch zehn von ihnen aufgegeben zu haben, und auch auf anderen Seen können sie offenbar ihre Eier oft nicht ausbrüten. Parkangestellte gehen deshalb jetzt rigoros gegen rücksichtslose Besucher vor, um die Eistaucher vor vermeidbaren Störungen zu schützen. Während der Brutzeit der Eistaucher ist es Kanuten inzwischen untersagt, an Inseln anzulegen, und auch einige Seen dürfen nicht befahren werden, wenn sich dort Eistaucher aufhalten.

Forillon National Park & Bonaventure Island Provincial Park

Seevögel am Ende der Welt

»He watches seagulls fly, silver on the ocean,
stitching, through the waves, the edges of the sky.«
Judy Collins, »Albatross«

Der Forillon National Park und der Bonaventure Island Provincial Park liegen an der Ostspitze der Gaspé-Halbinsel, wo diese im Südwesten in die Bay of Gaspé und im Nordosten in den Gulf of St. Lawrence ragt. Die Straße, die um die Halbinsel herumführt, zählt zu den schönsten Panoramastrecken der Welt. Der 1974 gegründete Forillon National Park, Quebecs erster Nationalpark, umfasst ein überwiegend bewaldetes Gebiet von 240 km² Größe. Er ist an drei Seiten vom Meer umgeben, und von seiner Südküste aus lassen sich Wale beobachten. Der Bonaventure Island Park ist nur 4,2 km² groß und erhielt 1972 den Status eines Provinzparks. Die Insel und der benachbarte Percé Rock (ein beeindruckender Felsbogen im Meer) sind die Heimat Tausender Seevögel. Seit 1985 ist diese Region daher als Schutzgebiet ausgewiesen.

Land's End

Die Südostspitze der Halbinsel endet am Cap-Gaspé, der Park selbst liegt am Nordende des Internationalen Appalachian Trail (IAT), eines 1000 km langen Wanderwegs, der am Mount Kathadin im amerikanischen Bundesstaat Maine beginnt. Der Weg führt über die Grenze hinweg nach New Brunswick und in der Nähe des Mount Carleton durch das Matapédia Valley, durch die Matane Reserve und den Gaspésie Provincial Park nach Quebec. Er endet im Forillon National Park. In Maine stößt der IAT mit dem berühmten Appalachian Trail zusammen, mit dessen Anlage 1937 begonnen wurde und der auf einer Länge von 3455 km die amerikanischen Bundesstaaten Maine und Georgia verbindet.

Innerhalb des relativ kleinen Parks gibt es eine unerwartete Vielfalt an Pflanzen, was in den unterschiedlichen Habitaten begründet ist, mit denen der Park auf-

Linke Seite:
Die Brutkolonie von Basstölpeln auf Bonaventure Island umfasst Tausende von Vögeln (oben). *Die Kalksteinklippen am Cap-Gaspé sind ein eindrucksvolles Beispiel für gewaltige Erdverschiebungen* (unten links). *Der Percé Rock ist die Heimat von vielen Seevogelarten, darunter Trottellummen und Dreizehenmöwen* (unten rechts).

Oben rechts: *Gryllteiste nisten zwischen den Felsen am Fuße der Meeresklippen.*

Lage: Am östlichen Ende der Gaspé-Halbinsel. Forillon liegt in der Nähe des Ortes Gaspé, ca. 700 km nordöstlich von Quebec.

Klima: Durch das Meer stark beeinflusstes Kontinentalklima. Durchschnittstemperaturen im Juli 17, im Jan. -10 Grad. Die Niederschlagsmenge pro Jahr liegt bei 100 cm.

Reisezeit: Ganzjährig. Die meisten Einrichtungen und Dienstleistungen sind jedoch nur von Mitte Mai bis Mitte Okt. verfügbar. Bootsausflüge zur Insel Bonaventure werden von Juni bis Mitte Okt. angeboten.

Anreise: Von Quebec über den Hwy 132. Der nächste größere Flughafen ist in Quebec. Bonaventure Island: mit dem Boot von Percé, das 50 km südlich von Forillon am Hwy 132 liegt.

Einrichtungen: Park: Campingplätze, Trails, Picknickplätze, Besucherzentrum, beheiztes Freibad, Freizeitzentrum; historische Stätte Grande-Grave. Gaspé und Percé bieten alles für den Touristenbedarf.

Naturbeobachtungen: Seevögelkolonien (Mai bis Juli); Robben und Wale (Mai bis Sept.); Walbeobachtungsfahrten Anfang Juni bis Ende Sept.

Freizeitaktivitäten: Wandern, Picknicken, Schwimmen, Angeln, Radfahren, Bootsausflüge (auch zur Walbeobachtung), Tauchen, Schnorcheln, Kajakfahren, Radfahren, Reiten, Skilanglauf, Schneeschuhlaufen.

Oben: *Der Wasserfall La Chute ist einer der vielen landschaftlichen Anziehungspunkte des Parks.*

warten kann. Auch wenn der Park fast ausschließlich aus Wald besteht, gibt es ökologische Nischen mit alpinen Wiesen, Felsklippen, Sanddünen, Süß- und Salzwassermarschen, Feldern, Flüssen und Seen, die alle spezielle Pflanzen hervorgebracht haben. So wurden z. B. 115 verschiedene arktisch-alpine Pflanzen gezählt. Sie wachsen auf Felsklippen und auf vereinzelten Felsen der Hochlandgipfel. Hier finden sich Steinbrecharten, *Potentilla nivea* (eine Nelkenwurzart), Kanadisches Berufskraut sowie alpine Nelkenwurz- und Anemonenarten.

Eine der vielen Attraktionen des Parks ist die Walbeobachtung vor der Küste zwischen Grande-Cave und Cap-Gaspé. Vom Hafen Grande-Cave werden zweieinhalbstündige Walbeobachtungsfahrten angeboten. Zu den Walen, die häufiger hier gesichtet werden, zählen Finn-, Buckel- und Zwergwale. Insgesamt wurden hier bislang sieben Walarten gezählt, darunter auch der größte Wal der Welt, der Blauwal. Der Park ist außerdem die Heimat verschiedener anderer frei lebender Tiere. Dazu gehören die kleinste Schwarzbärenrasse Nord-

Basstölpel ernähren sich ausschließlich von Fisch, den sie fangen, indem sie sich senkrecht ins Wasser stürzen (rechts).
Im Gegensatz zu Basstölpeln fischen Ohrenkormorane, indem sie von der Wasseroberfläche hinabtauchen (ganz rechts).

amerikas, Elche, Rotfüchse, Kojoten, Schneehasen, Stachelschweine, Murmeltiere, Nerze, Hermeline, Streifenbackenhörnchen, Biber und Rothörnchen.

Bonaventure Island und Percé Rock

Die Meeresströmungen und die Tatsache, dass sich Süß- und Salzwasser hier mischen, sorgen dafür, dass sich in den Gewässern an der Ostspitze der Gaspé-Halbinsel eine vielfältige Flora und Fauna entwickelt hat. Seit Tausenden von Jahren werden die sicheren Nistplätze auf den angrenzenden Klippen von Seevögeln beansprucht. Auf dem Percé Rock und der Insel Bonaventure gibt es riesige Kolonien von Seevögeln, darunter Heringsmöwen, Ohrenscharben und Kormorane, Mantelmöwen, Dreizehenmöwen und Gryllteiste. Bonaventure ist auch die Heimat von Tordalken und Trottellummen, einigen Papageitaucherarten und einer großen Kolonie von Basstölpeln. Alle halten sich dicht nebeneinander auf. Viele Seevögel, mit Ausnahme der Papageitaucher und der Basstölpel, brüten auch entlang der Klippen im Forillon National Park. Bonaventure Island ist nur mit dem Boot zu erreichen. Ausflugsschiffe sind den ganzen Tag unterwegs und unternehmen meist auch Fahrten rund um die Insel.

Schutzprobleme

Der Forillon National Park schützt Teile der zentralen St. Lawrence Lowlands. Probleme für den gut besuchten Park ergeben sich aus Aktivitäten jenseits seiner Grenzen: kommerzieller Fischfang, Wasserverschmutzung, Holzschlag und Wilderei.

Oben: *Der eindrucksvolle Felsbogen ist das auffälligste Merkmal von Percé Rock.*

Links: *Im Sommer verliert der Schneeschuhhase sein weißes Fell.*

Saguenay-St. Lawrence Marine Park

Windhunde und Kanarienvögel des Meeres

»See the Leviathan in vastness is lying, making the ocean her sumptuous bed,
While high overhead the seabirds are flying, combing the billows that break o'er her head.«
Traditionelles Walfänger-Lied

Der Saguenay-St. Lawrence Marine Park wurde 1997 geschaffen, um Wale im Besonderen und die übrige Flora und Fauna der Region im Allgemeinen zu schützen. Dieser erste nationale Meerespark umfasst ein Gebiet von 1139 km^2 an der Mündung des Saguenay River in den St. Lawrence River, den größten Fluss Kanadas, der seinerseits in den Atlantik fließt.

Die Gewässer am Zusammenfluss von Saguenay und St. Lawrence sind besonders nährstoffreich, weil die Strömungen der beiden Flüsse hier aufeinander treffen und weil in der Mündung des Saguenay eine gewölbte Geröllschicht (eine Moräne) den Boden bildet. Diese Moräne drückt das Wasser des Saguenay River nach oben und wirbelt dabei die reichhaltigen Sedimente am Boden auf, die das erste Glied einer nährstoffreichen Nahrungskette darstellen. Diese Nahrungskette hat seit Ende der letzten Eiszeit Wale in diese Region gelockt.

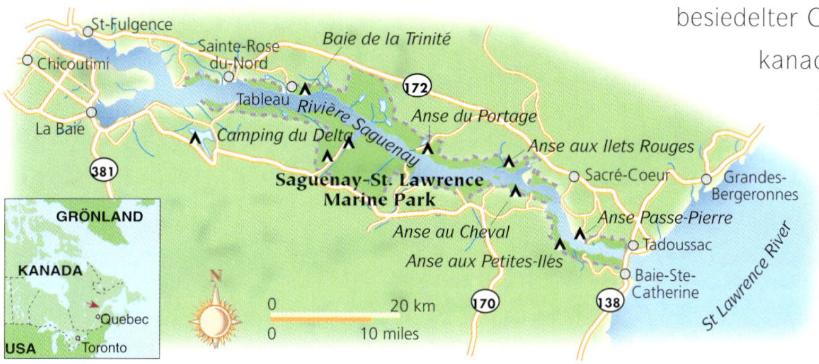

Walbeobachtung

Der Meerespark liegt in der Nähe dicht besiedelter Gebiete in Zentralkanada und ist ein beliebtes Ziel für Walbeobachtungstouren. Insgesamt wurden in dieser Region zehn Walarten gesichtet, wobei Finnwale und Belugas am häufigsten zu sehen sind. Der Finnwal, der wegen seiner Geschwindigkeit auch als »Windhund des Meeres« bezeichnet wird, ist nach dem Blauwal der zweitgrößte Wal der Welt. Er ist ein Bartenwal, das heißt, seine Nahrungsaufnahme besteht darin, gewaltige Wassermengen aufzunehmen und sie durch Hunderte von Barten am Oberkiefer zu drücken, wobei dann Krill und kleinere Fische in den Barten hängen bleiben. Die mächtigen Finnwale können bis zu 23 m lang werden und bis zu 50 t wiegen, sie sind zudem die einzige asymmetrisch gefärbte Tierart der Welt: Ihr rechter Unterkiefer und die vorderen Barten sind eher weiß als dunkel. Es wird vermutet, dass ihnen dies bei der Nahrungssuche hilft, da sie sich auf eine Seite drehen, wenn sie sich einer Beute nähern. Aus der Entfernung lassen sich Finnwale an ihrer relativ kleinen Rückenflosse, die sich am hinteren Drittel des Rückens befindet, leicht erkennen. Auch anhand seiner sehr hohen geraden Fon-

Linke Seite:
Der Pointe de L'Islet ragt in den Gulf of St. Lawrence (oben). *Hier herrscht häufig dichter Nebel, und im Herbst stürmt es oft. Dennoch lassen sich hier auch Wale beobachten. Steile und bewachsene Sanddünen erstrecken sich am Ufer der Baie du Moulin à Baude* (unten).

Oben rechts: *Von der alten Kirche in Tadoussac hat man eine gute Aussicht über den St. Lawrence River.*

Lage: Am Nordufer des St. Lawrence River, an der Mündung des Saguenay.

Klima: Vom Gulf of St. Lawrence stark beeinflusstes Seeklima. Wassertemperatur von 10 Grad im Sommer bis 0 Grad im Winter. Lufttemperatur im Sommer tagsüber bis 24 Grad, sinkt nachts bis auf 10 Grad ab. Bei Südwind oft Nebel, im Herbst häufige Stürme.

Reisezeit: Ganzjährig. Walbeobachtungstouren und Ausflüge über den Saguenay werden jedoch nur Mitte Juni bis Mitte Okt. angeboten.

Anreise: Mit dem Boot von Tadoussac am Ostufer der Saguenay-Mündung und von Baie Sainte-Catherine am Westufer. Eine Autofähre verkehrt den ganzen Tag über auf dem Saguenay. Sainte-Catherine liegt 210 km nordöstlich von Quebec (Route 138). Vom Südufer des St. Lawrence River verkehren Autofähren zwischen Trois-Pistoles und Les Ecoumins (nordöstlich von Tadoussac) sowie zwischen Rivière-du-Loup und Saint-Siméon (südwestlich von Baie Sainte-Catherine).

Einrichtungen: Trails, Camping- und Picknickplätze.

Naturbeobachtungen: Belugas, Finn- und Zwergwale, manchmal auch Blauwale. Seevögel: Dreizehenmöwen, Basstölpel, Eiderenten, Trauerenten und Raubmöwen.

Freizeitaktivitäten: Walbeobachtungsfahrten (Juni bis Okt.), Fotografieren, Tauchen, Bootsausflüge auf dem Saguenay River.

An der hohen, geraden Fontäne kann man einen Finnwal gut erkennen (ganz oben). *Der Zwergwal ist bedeutend kleiner als der Finnwal* (Foto darunter).

täne, die die Finnwale direkt nach dem Auftauchen ausstoßen, sind sie gut zu identifizieren. Im Gegensatz zu anderen Walarten, die sich in dieser Gegend aufhalten, legen Finnwale kein auffälliges Verhalten an den Tag: Weder heben sie sich aus dem Wasser, noch springen sie hoch und lassen sich klatschend wieder ins Wasser fallen, sie zeigen beim Eintauchen nicht einmal ihre Schwanzflosse. Jeden Sommer kehren ungefähr 40 Finnwale in die Saguenay-Region zurück und lassen sich auf fast jeder Walbeobachtungsfahrt blicken.

Belugas sind sehr viel kleiner als Finnwale. Sie werden bis zu 5 m lang und gehören zur Gattung der Zahnwale. Die weißen Meeressäuger (Jungwale bleiben bis zum Alter von 6 Jahren allerdings noch grau) tragen den Spitznamen »Kanarienvögel des Meeres«, weil sie sich unter Wasser ständig unterhalten. In den 1930er-Jahren setzte die Regierung in dem Versuch, die abnehmenden Kabeljau-Bestände zu schützen, Prämien für Belugas aus, die sich von Kabeljau ernähren. Das hatte zur Folge, dass Tausende getötet wurden. 1983, als die von den zahlreicheren Belugas in der Arktis isolierte Beluga-Population im Gulf of St.-Lawrence als gefährdet eingestuft wurde, war die Zahl der Tiere, die jedes Jahr hierher kamen, von über 5000 auf weniger als 500 zurückgegangen. Obwohl die Belugas seit den 70er-Jahren unter Schutz stehen, hat sich die Population nicht erholt, sondern nimmt im Gegenteil sogar noch weiter ab. Deshalb dürfen die Boote nicht näher als 1,5 km an die Wale heranfahren, die sich jedoch auch aus dieser Entfernung gut beobachten lassen.

Bedrohte Wale

Die Parkverwaltung Parks Canada ist wegen der noch nicht abgeschlossene Gründungsformalitäten rechtlich gesehen für die Gewässer des Parks noch nicht zuständig und hat daher keine Möglichkeit, die Aktivitäten der Anbieter von Walbeobachtungstouren zu überwachen. Man befürchtet, dass zu viele Boote unterwegs sind und die Tiere bedrängen. Auch die Verschmutzung der beiden Flüsse stellt weiterhin ein Problem dar, weil der St. Lawrence River noch immer eine der meist befahrenen Wasserstraßen der Welt ist.

Rechts: *Belugas sind Weißwale, die zur Familie der Zahnwale gehören. Sie sind eher mit Delfinen als mit den größeren Bartenwalen verwandt.*

Mingan Archipelago National Park Reserve

Die Inseln der Meerespapageien

»Die zauberhaften, zarten Paläste, die schwindenen Berge und Archipele …«
Thomas Baily Aldrich, »Miracles«

Die Mingan Archipelago National Park Reserve besteht aus einer Gruppe von 49 Inseln, die auf einer Länge von 175 km vor der Küste von Quebec zwischen Aguanish und Longue-Pointe im Gulf of St. Lawrence liegen. Die Parkverwaltung *Parks Canada* erwarb 1983 vierzig der Inseln von einer Ölfirma und gründete ein Jahr später das Schutzgebiet. Allerdings ist noch ein Rechtsstreit zwischen der Regierung und den örtlichen Ureinwohnern, den Attikamek-Montagnais, anhängig. Auf den Inseln finden sich eindrucksvolle Gesteinsformationen, darunter Monolithe, Felsbögen, Höhlen und Grotten, die aus verwittertem Sedimentgestein entstanden sind. Ansonsten sind die Inseln relativ flach. Die Klippen und Landzungen ziehen jedoch zahlreiche Seevögel an, darunter auch Papageitaucher, die auf drei der Inseln brüten.

Oben rechts: *In dieser Gegend werden Papageitaucher wegen ihres exotischen und komischen Schnabels während der Brutzeit auch Meerespapageien genannt.*

Der Vogel mit den vielen Namen

Im Französischen wird der Papageitaucher *Macareaux moine*, »Mönchs-Papageitaucher«, genannt, weil er wie ein Mönch beim Gebet im Stehen beide Füße nebeneinander stellt. In Kanada heißen die Papageitaucher auch *perroquets de mer,* also »Meerespapageien«, weil sie während der Brutzeit einen farbenprächtigen Schnabel haben und komische, theatralische Gesellen sind. Ein weiterer Spitzname lautet *calculot* (»Rechner«), da Papageitaucher häufig mit dem Kopf nicken, so als wollten sie ihre Nachbarn in der Kolonie zählen.

Die Papageitaucher kommen wegen der guten Nistplätze gern auf die Inseln. In den Gewässern finden sie reiche Nahrung, und es gibt relativ wenig natürliche Feinde; die Mantelmöwe zählt noch zu den hartnäckigsten. Der Papageitaucher ist mit den Pinguinen verwandt, mit einer Körpergröße von nur 30 cm jedoch viel kleiner als diese. Im Gegensatz zum Pinguin kann ein Papageitaucher gut fliegen, mit seinen kurzen, aerodynamischen Flügeln und Schwimmhäuten zwischen den Zehen aber auch ausgezeichnet schwimmen. Nur an Land bewegt er sich unbeholfen und ist deshalb dort am verwundbars-

Lage: Am Nordufer des Gulf of St. Lawrence, in der Nähe von Havre-Saint-Pierre. Etwa 860 km von Quebec.

Klima: Vom Gulf of St. Lawrence stark beeinflusstes Seeklima. Wassertemperaturen von nur 8 Grad im Sommer bis 0 Grad im Winter. Lufttemperatur im Sommer tagsüber bis 20 Grad, kann nachts bis auf 10 Grad sinken. Bei Südwind oft Nebel, im Herbst stürmt es häufig.

Reisezeit: Ganzjährig. Die Einrichtungen jedoch nur Juni bis Sept. geöffnet.

Anreise: Mit dem Auto von Quebec auf dem Hwy 138. Mit dem Bus von Baie-Comeau nach Havre-Saint-Pierre über Sept-Îles. Mit dem Flugzeug: Regionalflüge zwischen Quebec-Stadt und Havre-Saint-Pierre. Mit dem Boot: Fähre zwischen Rimouski, Sept-Îles, Port-Meunier, Havre-Saint-Pierre und dem Lower North Shore (Unteres Nordufer).

Einrichtungen: Besucherzentrum in Havre-Saint-Pierre, Campingplätze (42 Stellplätze auf sechs Inseln, Anmeldung erforderlich), Wanderwege (24 km auf vier Inseln), Picknickplätze. Havre-Saint-Pierre und nahe gelegene Ortschaften: Unterkünfte, Campingplatz, Tankstelle, Klinik, Bootsverleih, Wassertaxi.

Naturbeobachtungen: Pflanzen, Vögel (am besten in der zweiten Junihälfte), Wale (Juli/Aug.) und Geologie.

Freizeitaktivitäten: Bootsausflüge, Kajakfahren, Wandern, Naturfotografie, Tauchen.

Zu beachten: Vom 1. Mai bis zum 1. Aug. sind viele Inseln ganz oder teilweise für Besucher gesperrt, um brütende Vögel zu schützen.

Mitte April kehren die Papageitaucher zu ihren Niströhren zurück. Männchen und Weibchen paaren sich fürs Leben (links oben). *Die Mantelmöwe zählt zu den natürlichen Feinden der Papageitaucher* (Foto darunter).

ten. Papageitaucher nisten in Röhren, die sie in grasbewachsenen Steilhängen ausheben. Sie paaren sich fürs Leben und kehren Mitte April zu den Inseln zurück, wo sie jedes Jahr dieselben Niströhren benutzen. Um das einzige Ei, das sie legen, auszubrüten, brauchen sie 40 Tage. Der Jungvogel wird mit kleinen Fischen gefüttert, bis er flügge wird, was meist Anfang August der Fall ist. Die Vögel verlassen die Inseln Ende August – wo sie überwintern, hat man noch nicht herausgefunden. Man vermutet, dass sie sich über dem offenen Meer aufhalten. Die Population hat sich derzeit bei 500 Paaren eingependelt, die sich auf drei Kolonien verteilen: Île à Calculot des Bethchouanes, Île aux Perroquets und Île de la Maison.

Seewölfe

Drei Arten von Seehunden, in der Gegend auch *loups de mer* (»Wölfe des Meeres«) genannt, leben in der Mingan Reserve: Kegelrobbe, Gemeiner Seehund und Sattelrobbe. Die Kegelrobbe ist der größte und am weitesten verbreitete Seehund. Man erkennt sie leicht an ihrem großen Kopf und der »römischen« Nase, die an einen Pferdekopf erinnert, weshalb sie auch *tête de cheval* (»Pferdekopf«) heißt. Der Gemeine Seehund ist viel kleiner und kommt auf den Inseln nicht so häufig vor. Er hat einen rundlicheren Kopf und eine kleine Nase. Sein Spitzname lautet *loup-marin d'esprit* (»intelligenter Seewolf«) – in Anlehnung an seine kluge Taktik, neugeborene Seehunde ins Wasser zu locken, um sie so vor Raubtieren auf dem Land in Sicherheit zu bringen. Sattelrobben, an ihrem gelblichen Fell zu erkennen, leben nicht ständig auf den Inseln. Sie füttern dort von April bis Juni ihre Jungen, bevor sie weiter nach Norden ziehen.

Neun Walarten wurden in der Nähe des Parks gesichtet, in Küstennähe am häufigsten Zwerg- und Schweins-

wale, weiter draußen, in den tieferen Gewässern des Gulf of St Lawrence, auch Buckel-, Finn- und sogar Blauwale.

Eine unbesiedelte Küste

Die Besiedlung der Mingan-Region durch den Menschen reicht schon lange zurück. Bereits vor 2000 Jahren wurde sie regelmäßig von den Attikamek-Montagnais, die sich Innu oder »das Volk« nennen, aufgesucht. Die Attikamak-Montagnais leben noch heute hier, auch wenn sich ihre Lebensweise inzwischen verändert hat. Die ersten Europäer, die hierher kamen, waren baskische Walfänger. Ihnen folgte auf dem Fuß die Hudson Bay Company, die Siedlungen entlang der Küste nicht erlaubte. Als 1850 das Monopol der Handelsgesellschaft beendet war, durften Siedlungen entlang der Küste errichtet werden. Daraufhin kamen Siedler aus Jersey, Quebec, Îles-de-la-Madeleine und Acadia.

Empfindliches Habitat

Der Park, der einen wichtigen Teil der St. Lawrence Lowlands schützt, ist durch das mögliche Ansteigen des Meeresspiegels aufgrund der globalen Erwärmung bedroht. Sorgen bereiten auch die Verschmutzung des Gulf of St. Lawrence und der zu starke Besucherzuspruch.

Oben: *Erosion durch Wind und Wasser hat die charakteristischen Kalkstein-Monolithen auf der Île Quarry entstehen lassen.*

Links: *Der Gemeine Seehund ist kleiner als die Kegelrobbe und besitzt einen runderen Kopf.*

ATLANTIK-PROVINZEN

Die so genannten Atlantikprovinzen Kanadas bestehen aus den vier östlichsten Provinzen New Brunswick, Prince Edward Island, Nova Scotia sowie Newfoundland mit Labrador. Die drei erstgenannten werden auch als die *Maritimes* bezeichnet. In Labrador, das sowohl in der subarktischen als auch in der arktischen Zone liegt, gibt es keine Nationalparks. Die Insel Neufundland liegt ganz innerhalb der borealen Zone, während die *Maritimes* zur gemäßigten borealen Zone gehören. In den Atlantikprovinzen grenzen alle sieben Nationalparks an Salzwasser – das Meer hat hier die Geschichte, die Kultur, die Wirtschaft und die Natur geprägt.

Dennoch ist die Landschaft keineswegs eintönig: New Brunswick bietet saftig grüne Täler und eine raue Küste an der Bay of Fundy im Süden, Wälder und Berge im Norden. Der Mount Carleton bringt es immerhin auf eine Höhe von 820 m – der gleichnamige Park gilt als das Juwel unter den Provinzparks in New Brunswick. Naturliebhaber kommen wegen der Wale und der Vögel in die Bay of Fundy vor Brier Island, wegen der Seevögel zum Cape Breton, wegen der Millionen von Zugvögeln, die gen Süden fliegen, und der Ansammlung von Weißkopfseeadlern im Winter. Die Strände von Prince Edward Island, der kleinsten Provinz Kanadas, locken gefährdete Sandregenpfeifer ebenso an wie sonnenhungrige Touristen.

Die nährstoffreichen Gewässer, die die Halbinsel Avalon in Newfoundland umgeben, sind der Lebensraum für riesige Kolonien von Seevögeln. Das hügelige, bewaldete Inselinnere wird von den Long Range Mountains dominiert. Sie sind Teil der Appalachen und warten nicht nur mit der schönsten Landschaft der Provinz auf, sondern auch mit der historischen Stätte L'Anse aux Meadows. Diese tausend Jahre alte Wikingersiedlung gilt als die erste europäische Niederlassung in Nordamerika.

Gros Morne National Park

Der steinige Weg zum Ruhm

»O Himmel, könnte man im Buch des Schicksals doch lesen, und der Zeiten Umwälzung die Berge ebnen, und das feste Land, … in die See wegschmelzen sehn!«
William Shakespeare, »Heinrich IV.«

Der Gros Morne National Park liegt an der Westküste Neufundlands und hat einige der aufregendsten Landschaften Ostkanadas zu bieten. Der Park ist 1805 km² groß und besteht aus so verschiedenartigen Landschaftsformen wie den Long Range Mountains, aus Fjorden, Balsaltklippen und in die Höhe ragenden geologischen Auffaltungen. Auch wenn der Park in erster Linie für seine herrliche Landschaft und seine Tiere und Pflanzen bekannt ist, erhielt er 1987 den Status als Weltkulturerbe für seine seltenen Gesteinsformationen. Für Geologen sind die an der Oberfläche liegenden Aufschlüsse von großer Bedeutung, da sie wertvolle Erkentnisse über die Entstehung von Kontinentalplatten und die Theorie der Kontinentalverschiebung liefern. Die Vielzahl und die Vielfalt der Formationen sucht ihresgleichen. Etliche stammen aus der Zeit zwischen dem Präkambrium und dem mittleren Ordovizium (vor 570 bis 475 Mio. Jahren); einige sind noch älter. Die Lage der unterschiedlichen Formationen stützt die Theorie, dass die Kontinentalplatten sich verschoben haben und es immer noch tun. Das beste Beispiel dafür ist das Massiv der Tablelands: ein Hochplateau, das aus Gesteinsmaterial der Lithosphäre besteht, das normalerweise unterhalb des Erdmantels liegt und hier auf der Erdkruste ruht.

Gros Morne Mountain

Die Long Range Mountains ziehen sich durch die ganze Länge des Parks und liegen am nordöstlichen Ende der Appalachen. Sie werden vom 806 m hohen Gros Morne Mountain überragt, dem höchsten Berg des Parks. Die Wanderung auf dem James Callaghan Trail zum Gipfel ist anstrengend, wird aber mit herrlicher Aussicht belohnt. Außerdem bekommt man vielleicht Karibus, Alpenschneehühner, Schneehasen sowie eine Vielzahl von Wildblumen zu sehen. Wanderer können die Long Range Mountains zwischen dem Western Brook Pond und Gros Morne im Rahmen einer mehrtägigen Tour überqueren.

Linke Seite: *Die mächtigen Steine an der Küste von Green Point wurden vom Meer glatt geschliffen.*

Rechts oben: *Seeschwalben sind elegante Flugkünstler, die bei ihrer Nahrungssuche über dem Wasser zu schweben scheinen.*

Vorhergehende Seiten: *Beim Sonnenuntergang leuchtet das felsige Ufer der Bonne Bay* (Seite 118). *Der Kleine Chipmunk, der sich Erdlöcher gräbt, passt sich den unterschiedlichsten Habitaten an* (Seite 119).

Lage: An der Westküste der Insel Neufundland, nordwestlich von Cornerbrook.

Klima: Wechselhaftes Seeklima. Durchschnittstemperaturen im Sommer 15 Grad, im Winter -7 Grad. 400 cm Schnee, 100 cm Regen. Häufig starke Winde.

Reisezeit: Ganzjährig. Viele Einrichtungen sind jedoch nur von Juni bis September geöffnet.

Anreise: Mit dem Flugzeug bis Deer Lake. Von Deer Lake eine Stunde Autofahrt auf einer geteerten Straße.

Einrichtungen: Besucherzentren, Informationstafeln, fünf Campingplätze, Picknickplätze, historische Gebäude, Swimmingpool. In den Orten im Park: Unterkünfte (Motels, Hütten, B&B, Jugendherberge), Restaurants, Museen, Krankenhaus.

Naturbeobachtungen: Elche, Karibus, Wale (im Sommer in der Bonne Bay), Seehunde, Alpenschneehühner, Hudsonmeisen, Weißkopfseeadler, Küstenvögel, Grasmücken, arktisch-alpine Flora (Hochebenen), Sumpfpflanzen (Küstenebenen).

Freizeitaktivitäten: Bootsausflüge, Wandern (22 Trails), Camping im Hinterland, Kajakfahren, Schwimmen, Angeln (Angelschein erforderlich), Autorundfahrten.

Ausrüstung: Nehmen Sie Kleidung für jedes Wetter mit, die Sie auch vor Wind und Niederschlägen schützt.

Zu beachten: 1. Für das Steinesammeln ist eine Erlaubnis (*permit*) erforderlich. 2. Fahren Sie vorsichtig; regelmäßig passieren Unfälle mit Elchen, vor allem in der Dämmerung. 3. Im Sommer gibt es reichlich Moskitos und Kriebelmücken.

Oben: *Wanderer, die auf den etwas abgelegeneren Wegen unterwegs sind, haben vielleicht das Glück, einem Elch zu begegnen.*

Die Tablelands

Die Auswirkungen der Kontintalverschiebung lassen sich in den Tablelands, einem Hochplateau, beobachten. Es entstand, als geschmolzenes Magma durch kollidierende Kontinentalplatten nach oben gedrückt wurde. Dieses Hochplateau ist eigentlich ein Teil des Erdmantels und entspricht einem Peridotit, der normalerweise 16 km unterhalb der Erdkruste liegt. In dieser fremdartigen Landschaft gibt es kaum Vegetation, da die mineralische Zusammensetzung des Erdmantels für die meisten Pflanzen giftig ist. Auf der Straße zwischen den Ortschaften Woody Point und Trout River hat man den interessanten Kontrast zwischen den ockerfarbenen Tablelands im Osten und den grauen, bewaldeten Klippen der Lookout Hills im Westen vor sich, unter denen eine alte Ozeankruste liegt.

Rechts: *Küstenseeschwalben brechen als Zugvögel alle Rekorde. Sie kehren jedes Jahr aus der Antarktis zurück, um hier zu brüten.*

Fjorde und Ponds

Geologisch betrachtet ist es erst eine kurze Zeit her, dass Gletscher eine Reihe von Fjorden in die Westflanke der Long Range Mountains gegraben haben. Gros Morne kann mit sechs Fjorden aufwarten, von denen fünf inzwischen durch die Küstenebene, die sich nach dem Abschmelzen des Eises hochhob, vom Meer abgeschnitten sind. Sie werden *Ponds* (»Teiche«) genannt, was allerdings ihre Größe verniedlicht. Diese Ponds sind bis zu 16 km lang und 165 m tief, und die Uferwände ragen bis zu 600 m hoch auf. Beliebt sind Bootstouren auf dem Western Brook und dem Trout River Pond. Auch auf einigen

Fjorden werden Bootstouren angeboten. Um an der Tour auf dem Western Brook Pond teilzunehmen, muss man einen 3 km langen Fußmarsch zurücklegen; zur Abfahrtsstelle der Tour auf dem Trout River Pond führt eine Straße.

Coastal Plain und Bonne Bay

Das flache, wenn auch morastige Terrain der Küstenebene (Coastal Plain) sowie der Zugang zum Meer, den Bonne Bay (der einzig echte Fjord des Parks) besitzt, haben die Besiedlung durch den Menschen, die vor mehr als 5000 Jahren begann, gefördert. Die heutigen Bewohner leben traditionell noch immer von den Schätzen, die Meer und Wälder zu bieten haben, wenn auch die kommerzielle Nutzung der natürlichen Ressourcen im Park nur mit Sondergenehmigung möglich ist. Einblicke in die Geschichte werden im Leuchtturm am Lobster Cove Head und in den erhaltenen Fischerhäusern am Broom Point vermittelt. Die meisten Besucher kommen im Sommer wegen der Strände, um zu campen, zu picknicken, zu wandern und Tiere und Pflanzen zu beobachten. Einige Unermüdliche kommen auch im Winter zum Campen und Skifahren.

Wandern

Auf den insgesamt 180 km Wanderwegen kann man den Park am besten erkunden. Die gut ausgebauten Wege verlässt man besser nicht – die dichten Nadelwälder (von den Neufundländern als *Tuckamore*, eine Art Krummholz, bezeichnet) und die zahlreichen Sümpfe laden ohnehin nicht dazu ein. Relativ leicht ist der 2 km lange, ebene Rundweg am Berry Head Pond. Ebenfalls nicht schwierig sind die 6 km lange, ebene Strecke am Western Brook Pond (6 km) und der 10 km lange Weg bei den Baker's Brook Falls. Der Green Gardens Trail hingegen ist eine anstrengende Tour (hin und zurück 9 km). Die Wanderung zum Gipfel des Gros Morne ist die schwerste: Man hat über 16 km zurückzulegen und einen Höhenunterschied von 806 m zu bewältigen.

Grenzübergriffe

Gros Morne schützt einen Teil des Hochlands von West-Neufundland. Problematisch sind das Überfischen der Gewässer durch die örtliche Fischerei und die Holzfällerei im Park, die leider nur unzureichend überwacht wird. Die Auswirkungen, die der Einsatz von Schneemobilen im Park hat, sind bis jetzt noch nicht erforscht.

Die ockerfarbenen, kargen, abgeflachten Berge der Tablelands sind Teile der Erdkruste, die durch die Kräfte der Kontinentalverschiebung nach oben gedrückt wurde.

Karibus (oben) *bekommen Wanderer unter Umständen auf ihrem Weg zum Gipfel des Gros Morne Mountain* (unten) *zu sehen. Von dort aus genießen sie auch einen schönen Blick auf den Gros-Morne-Fjord* (Mitte). *Imposante Klippen ragen am Western Brook Pond Hunderte von Metern in die Höhe* (rechts).

Cape Breton Highlands National Park

Über den Cabot Trail von der Landzunge zum Hochland

»My heart's in the Highlands, my heart is not here;
My heart's in the Highlands a-chasing the deer ...«
Robert Burns

Der 1936 gegründete Cape Breton Highlands National Park ist der älteste Nationalpark der kanadischen Atlantikprovinzen. Der Cabot Trail, eine der landschaftlich schönsten Straßen der Welt, rahmt einen außergewöhnlich vielschichtigen Naturraum ein: Dazu gehören grüne Täler, eine zerklüftete Küste und sumpfiges Hochland. Der Park bedeckt eine Fläche von 948 km^2 und bietet viele Möglichkeiten für Aktivurlaub: Wandern, Wale und Vögel Beobachten, Schwimmen und Angeln. In den umliegenden Ortschaften wird außerdem viel Kulturelles geboten, darunter traditionelle akadische und gälische Veranstaltungen mit Musik, Essen und Tänzen sowie so genannte *ceilidhs* (Unterhaltungsabende mit Gedichten, Musik und Tanz).

Linke Seite: *Der Cabot Trail, eine der schönsten Panoramastraßen der Welt, schlängelt sich um den Park* (oben). *Die langen Flügel und der lange Schwanz verleihen der Sperbereule das Aussehen eines Falken* (unten links). *Dreizehenmöwen nisten in großen Kolonien auf den Felsen und verbringen den Winter auf dem Meer* (unten rechts).

Oben rechts: *Der Bog Trail, ein Plankenweg, gibt Besuchern die Möglichkeit, die spezialisierte Flora eines Hochlandmoors zu studieren.*

Der Cabot Trail

Der Cabot Trail ist der Prachtboulevard des Cape Breton Highlands National Park. Ob Sie die Straße rasch entlangfahren und nur an den Aussichtspunkten Halt machen oder sie als Ausgangspunkt für weitere Erkundungen benutzen: Sie werden ihre Atmosphäre, die Ausblicke und die Geschwindigkeitsbegrenzungen schätzen lernen. Der Cabot Trail wurde nach dem italienischen Forscher Giovanni Caboto benannt, der im Auftrag der englischen Krone einen westlichen Seeweg nach Asien suchte und sich in Amerika John Cabot nannte.

Nova Scotia hat seit Jahrhunderten Einwanderer angezogen, zunächst die so genannten Akadier, französische Siedler, die zum Großteil von den Briten vertrieben wurden. Später kamen die Schotten, die während der *Clearances* (»Säuberungen«) im 19. Jahrhundert aus ihrer Heimat vertrieben wurden, weil das Hochland dort

Lage: An der Nordspitze von Cape Breton Island zwischen dem Gulf of St. Lawrence und dem Atlantik.

Klima: Wechselhaft und unvorhersehbar; im Winter kalt und schneereich, im Frühjahr kühl, im Sommer warm, im Herbst angenehm. Das Klima auf dem Hochplateau ist das strengste in Nova Scotia. An der Küste von Chéticamp weht häufig ein starker Wind aus Südosten (*La Suete*).

Reisezeit: Ganzjährig. Die meisten Einrichtungen und Dienstleistungen sind jedoch nur von Mai bis Oktober verfügbar.

Anreise: Über den Cabot Trail; vom Trans-Canada Highway Ausfahrt (*Exit*) 7, die westlich von Chéticamp zum Cabot Trail führt, oder Ausfahrt 12, die östlich von Ingonish zum Cabot Trail führt. Von Sydney auf dem Hwy 125 bis zum Hwy 105, dann Ausfahrt 11 zum Cabot Trail. Fähre von North Sydney nach Neufundland.

Einrichtungen: Bestsortierter Naturbuchladen der Atlantikstaaten (neben dem Besucherzentrum nördlich von Chéticamp); Campingplätze (6 in den Randzonen mit 548 Plätzen; für die Plätze im Hinterland benötigt man eine Reservierung), Picknickplätze, Trails, Informationstafeln, Aussichtspunkte, historische Stätte Lone Shieling, Golf, Tennis, Strand.

Naturbeobachtungen: Vögel (Mai bis Juni); Wale (Juni bis Aug.); Laubfärbung (Sept. bis Okt.), Elche.

Freizeitaktivitäten: Wandern, Picknicken, Autofahrten, Angeln, Golf, Naturfotografie, Camping, Tennis, Skilanglauf, Abfahrtslauf, Schwimmen, Radfahren.

Rechts: *Die Black Brook Bay kann man vom Cabot Trail aus erreichen.*

für die Schafzucht im großen Stil geräumt wurde. Beide Kulturen sind bis heute hier vertreten, und Namen wie Chéticamp und Ingonish spiegeln diese Ursprünge wider.

Für Autofahrer, die den Park ausgiebiger erkunden möchten, zweigen vom Cabot Trail ein paar interessante Nebenstraßen ab. Von Pleasant Bay führt eine schmale, kurvige Strecke an der Küste des Gulf of St. Lawrence entlang nach Red River. Die Straße eröffnet den Zugang zu stillen Wäldern, in die sich nur wenige Touristen verirren. In Big Intervale führt eine Nebenstraße zu den Beulach Falls, die während der Schneeschmelze im Frühjahr besonders beeindruckend sind. Am Cape North führt eine asphaltierte Straße gen Norden nach Bay St. Lawrence. Von dort fährt man auf einer Schotterstraße an den Klippen entlang bis nach Meat Cove, dem nördlichsten Ort in Nova Scotia. Zwischen South Harbour und Neil's Harbour können Sie den Cabot Trail (mit einem Abstecher zu den Glascow Lakes) oder über White Point die landschaftlich schöne Küstenstraße befahren, auf der Sie ein wenig länger unterwegs sind.

Unten: *Das tiefe Grande Anse Valley durchschneidet das Hochland und schützt üppig grüne und bewaldete Hänge.*

Wanderwege: Wer die Wahl hat ...

Am besten lässt sich das Gelände jedoch zu Fuß erforschen. Grey Owl bezeichnete einen Trail als »eine Bühne, auf der jedes Schauspiel, jede Burleske, Tragödie und Komödie der Wildnis aufgeführt wird«. Tatsächlich lernt man die Vielfalt des Parks erst schätzen, wenn man einige der 27 Wanderwege benutzt, die zusammen über 200 km lang sind. Man muss den Parks mehrmals besuchen, will man alle Trails erkunden, doch schon in drei bis fünf Tagen kann man sich einen Überblick verschaffen. Von West nach Ost sind folgende Wege besonders zu empfehlen: Der Trous de Saumon Trail führt am Chéticamp River entlang durch einen Wald, in dem u. a. Fichtenwaldsänger und Carolina-Kleiber leben. Auf dem Skyline Trail läuft man durch den Wald des Hochlandplateaus, in dem man den Gesang der Graukopf-Waldsänger und Lincoln-Ammern hören kann und oft Elche antrifft. Der Weg führt zu spektakulären Aussichtspunkten, die 390 m hoch liegen. Der Bog Trail ist ein Plankenweg, der durch ein Moor führt, in dem Trompetenblatt und Sonnentau gedeihen. Für seine alten Zuckerahornbäume und Gelbbirken ist der MacIntosh Brook Trail bekannt. Auf dem Lone Shieling Trail lässt sich ein Spaziergang durch einen Wald unternehmen, in dem viele Bäume älter als 350 Jahre sind. Auf dem Jack Pine Trail lernt man den Jack Pine Forest und die Atlantikküste von Cape Breton kennen. Der Warren Lake Trail beschreibt einen Kreis um den Warren Lake und führt durch Mischwald, in dem Eistaucher brüten. Auf dem Middle Head Trail wandert man zur Spitze der gleichnamigen Landzunge, die Richtung Osten in die Ingonish Bay ragt und von der man herrliche Ausblicke genießt. Der Freshwater Lake Trail ist ein kurzer Weg, der an einem See, einem Teich und an einem Wald vorbeiführt und sich für die Beobachtung von Eistauchern und Bibern eignet.

Ausbeutung der Ressourcen

Der Cape Breton Highlands National Park schützt den Naturraum der Maritime Acadian Highlands. Wie so viele andere Parks wird auch er durch die Ausbeutung der Ressourcen an seinen Grenzen bedroht, vor allem durch Holzfällerei und den Dammbau für Wasserkraftwerke.

Links: *In den Mooren des Hochlandplateaus ist eine Vielzahl von Pflanzen zu finden, die nur in Feuchtgebieten gedeihen, darunter auch der Wasserschlauch, eine Fleisch fressende Pflanze.*

Unten: *Bei einem kurzen Spaziergang auf dem Freshwater Lake Trail bekommt man mit etwas Glück Biber zu sehen.*

Fundy National Park

Eine Nische der Wildnis

»Fundy's long and Fundy's wide. Fundy's fog and rain and tide,
Never see the sun or sky, just the green waves going by.«
Gordon Bok, »Bay of Fundy«

Der Fundy National Park ist zwar klein, aber eine wichtige und gefährdete Nische unberührter Natur. 1948 gegründet, ist er das einzig intakte Wildnisgebiet in der Südhälfte von New Brunswick. Der Park umfasst 206 km² Wald, Wiesen, Flüsse und Moore im Hinterland der Bay of Fundy. Er besteht größtenteils aus Wäldern und Wiesen, seine Flora und Fauna ist aber von der Bay of Fundy geprägt. Die Gezeitenunterschiede in der großen Bucht sind die höchsten der Welt – der Unterschied zwischen Hoch- und Niedrigwasser kann bis zu 16 m betragen. Das dem Watt der Nordsee ähnliche, bei Ebbe zugängliche Schlickgebiet ist ein faszinierendes Habitat.

Linke Seite: *Besucher, die sich in den Wäldern und auf den Wiesen des Hinterlandes aufhalten, entdecken vielleicht die Gelbe Hundslilie* (links oben) *und die Sumpfkerze* (links unten). *Die wildromantischen Dickson Falls* (rechts) *erreicht man über einen der vielen Wanderwege, die durch das Parkinnere führen.*

Rechts oben: *Kanadareiher finden ihre Nahrung auf den Salzmarschen an der Mündung des Upper Salmon River. Dieses Habitat ist aufgrund der monatlichen Überschwemmungen sehr fruchtbar.*

Fundys Küste

Die Tidenschwankungen nehmen zu, je weiter man sich von der Mündung in Richtung Hinterland bewegt. Am ausgeprägtesten sind sie an der Spitze des Minas Basin, das im Norden der Bucht in Nova Scotia liegt. Die Gezeitenschwankungen sind erst seit der letzten Eiszeit so extrem; in der Bay of Fundy. tragen drei Faktoren zu den derzeitigen Tiden bei: Das abfließende Wasser braucht rund 13 Stunden, also länger als der Gezeitenwechsel (12,5 Stunden), und verstärkt dadurch die Wellenbewegung. Außerdem verengt sich die Bay of Fundy und wird am oberen Ende flacher, was die Flutwelle ebenfalls verstärkt. Schließlich zeigt die Mündung der Bucht nach Süden, direkt in Richtung der Flutwelle, die nach Norden strömt. Die Wassermassen, die hier bewegt werden, sind beeindruckend. Der zweimalige Gezeitenwechsel pro Tag entspricht einer Wassermenge von rund 100 Kubikkilometern – das ist so viel, wie alle Flüsse der Welt zusammen genommen transportieren.

Die bei Ebbe frei liegenden Schlickflächen sind ein raues, von Wellen gepeitschtes Terrain, das abwechselnd überflutet wird und trocken fällt. Im Sommer ist es heiß, im Winter wird es vom Eis erdrückt, und trotzdem haben sich hier zahlreiche Lebensformen entwickelt. Die Küste

Lage: Bei Alma, New Brunswick, am Provincial Highway 114; am Westufer der Bay of Fundy.

Klima: Warmes Kontinentalklima, nahe der Bay of Fundy gemäßigt. Im Binnenland warme Sommer (Durchschnittstemperatur 22 Grad) mit wenig Nebel, kalte Winter mit mehr Schnee. An der Küste kühle Sommer (Durchschnittstemperatur 16 Grad) mit viel Nebel, mildere Winter mit weniger Schnee.

Reisezeit: Ganzjährig. Einige Einrichtungen und Dienstleistungen jedoch nur Mai bis Okt. verfügbar.

Anreise: Kein öffentlicher Nahverkehr zum Park. Die nächsten Busbahnhöfe sind Sussex und Moncton. Flughäfen in Moncton, Saint John und Fredericton. Mit dem Auto: von Mocton aus Abfahrt (*Exit*) 432 des Trans-Canada Highway (Hwy 2), dann Richtung Südwesten auf Hwy 114 (1 Autostd.). Von Saint John Hwy 1 und 114 (2 Autostd.).

Einrichtungen: Besucherzentrum (Naturladen), Trails, Campingplatz, Informationstafeln, Picknickplätze, Unterkünfte, Restaurant.

Naturbeobachtungen: Elche, Weißwedelhirsche, Zugvögel (Frühjahr/Herbst); Lebensformen im Schlick.

Freizeitaktivitäten: Wandern, Camping, Kanufahren, Picknick, Bowling, Golf, Schwimmen (Meerwasserschwimmbad), Skilanglauf, Tennis, Autofahrten, Mountainbiking, Angeln; Kinderspielplatz, Naturfotografie.

Zu beachten: 1. Vorsicht beim Aufenthalt im Watt, erkundigen Sie sich vor Ort nach den Gezeiten. 2. Schalentiere aus der Schlickregion sind oft vergiftet, das Sammeln ist daher verboten.

Oben: *Die überdachte Brücke am Point Wolfe ist ein beliebter Anlaufpunkt. Brücken wurden früher mit Dächern versehen, damit sie im Winter nicht zuschneiten.*

Unten: *An der Küste, hier an den Hopewell Rocks, wurde das weiche Felsgestein durch die großen Gezeitenschwankungen zu bizarren Türmen ausgewaschen.*

des Parks, die am Alma Beach leicht zugänglich ist, ist für viele Besucher eine Hauptattraktion, ebenso wie die Schlickfläche. Bei Ebbe kann man mehr als einen Kilometer weit über den schlammigen Boden in die Bucht hinauslaufen. Die dem Wattenmeer der Nordseeküste vergleichbare Schlickfläche wirkt auf den ersten Blick leblos, dennoch leben hier viele Tiere, z. B. Maulwurfskrebse, Muscheln und Würmer: der Blutwurm (der nach seiner Farbe benannt ist), ein Seeringelwurm (der in allen Farben von grün bis rosa schillert) und der Bambuswurm, der in einer senkrechten Schlammröhre lebt. Diese Würmer und andere wirbellose Tiere sind eine wichtige Nahrungsquelle für die Küstenvögel, die auf ihrem Weg nach Süden zu Tausenden in der Bay of Fundy Halt machen. Hier sammeln sie die Energiereserven, die sie für ihren Flug nach Südamerika benötigen. Am nahe gelegenen Mary's Point, New Brunswick, versammeln sich Anfang August bei Flut Tausende von Sandstrandläufern – ein einmaliger Anblick!

Die vorstehenden Felsen entlang der Küste bieten Meeresalgen und Seepocken Halt. Eine Vielzahl von Tieren lebt zwischen den Felsen und in Gezeitentümpeln, u.a. Krebse, Stein-, Meeres- und Strandschnecken. Die Salzmarschen werden nicht jeden Tag von der Flut überspült; nur die höchsten Fluten überschwemmen sie etwa einmal im Monat und sorgen so für ihre Fruchtbarkeit. Das am leichtesten zugängliche Moor liegt an der Mündung des Upper Salmon River: Hier tummeln sich Wasservögel und nisten Dunkelenten und Schlammtreter. Auf den mächtigen Klippen an der Küste leben und gedeihen genügsame Pflanzen und Tiere, u. a. die robuste Rosenwurzel (*Sedum rosea*) und der Wanderfalke. Die Klippen bestehen aus 300 Mio. Jahre altem Sedimentgestein und bergen oft gut erhaltene Pflanzenfossilien, die durch Erosion zutage treten.

Künstliche Regeneration

Leider sind im Fundy National Park etliche Pflanzen und Tieren ausgerottet worden, die früher wichtige Bestandteile des Ökosystems waren. Vor allem Wölfe, aber auch andere Tiere sind verschwunden. Um das Gleichgewicht innerhalb des Parks wieder herzustellen, hat die Parkverwaltung damit begonnen, einige Tierarten wieder anzusiedeln. Der Fichtenmarder z. B. war akut bedroht, weil ihm Pelzjäger wegen seines schönen Fells nachstellten und weil sein bevorzugter Lebensraum, alte Fichtenwälder, immer seltener wurden. Zwischen 1984 und 1991 wurden 38 Fichtenmarder im Park angesiedelt. Jüngste Untersuchungen deuten darauf hin, dass sich eine kleine Population eingelebt hat, auch wenn es sich dabei nur um rund 15 Tiere handelt.

Die Zahl der Atlantiklachse nimmt in den Flüssen von New Brunswick aufgrund von Dämmen, verschlammten Laichplätzen, Überfischung und Wasserverschmutzung immer weiter ab. Die Versuche, den Wolfe River zu sanieren und wieder Lachse auszusetzen, sind bislang gescheitert. Größere Erfolge hat man mit der Ansiedlung von Wanderfalken erzielt. Dieser elegante Vogel war in den 60er-Jahren durch die Ansammlung des Insektenschutzmittels DDT in der Nahrungskette fast ausgerottet worden. 1982 nahm der Fundy National Park seine Zusammenarbeit mit dem Canadian Wildlife Service auf, um am oberen Ende der Bucht wieder Wanderfalken anzusiedeln. Hier hatte man auf einer Klippe über dem Point Wolfe auch einen alten Atzplatz gefunden.

Zwischen 1982 und 1988 wurden 55 Vögel ausgewildert, und zurzeit brüten zehn Paare an der Bay of Fundy.

Verwaltung der Wälder

Der Fundy National Park schützt einen repräsentativen Teil der Maritime Acadian Highlands. Der Park grenzt an Wälder, die stark bewirtschaftet werden und oft aus Monokulturen oder importierten Baumsorten bestehen. Um die Auswirkungen dieser Nutzung zu mildern, hat der Park ein Projekt initiiert, das die Verwaltung der Wälder zusammen mit den Landbesitzern und der Holzwirtschaft vorsieht.

Oben: *Am Point Wolfe schwankt der Wasserstand jeden Tag erheblich. Verstärkt wird dies noch durch die hohen Gezeitenunterschiede der Bay of Fundy.*
Rechts: *Viele große Raubtiere, wie der Wolf, sind im Park ausgestorben; einige Schwarzbären gibt es aber noch.*

Kejimkujik National Park

Felszeichnungen, Flötenregenpfeifer und Farne

»Los buenos pintores imitan la naturaleza.«
(»Gute Maler ahmen die Natur nach.«)
Miguel de Cervantes

Der Kejimkujik National Park schützt eine ursprüngliche Flusslandschaft mitten im Südwesten von Nova Scotia. Der 1974 gegründete Hauptteil des Parks erstreckt sich über eine Fläche von 381 km², zu der mit Inseln gesprenkelte Seen, Flachwasserflüsse und Mischwälder gehören. Der Park grenzt an Staatsländereien, von denen einige unter besonderem Schutz stehen und somit eine Pufferzone bilden. Die Ureinwohner, die Micmac-Indianer, waren begabte Künstler. Die Felszeichnungen, die sie in den Schiefer geritzt haben, sind im Park zu bewundern und geben Aufschluss über ihr Leben und ihre Kultur. 1988 wurden dem Park 22 km² Land an der Spitze einer Halbinsel zugeschlagen: Das so genannte Seaside Adjunct schützt einen unberührten Küstenstrich und die Nistplätze des gefährdeten Flötenregenpfeifers.

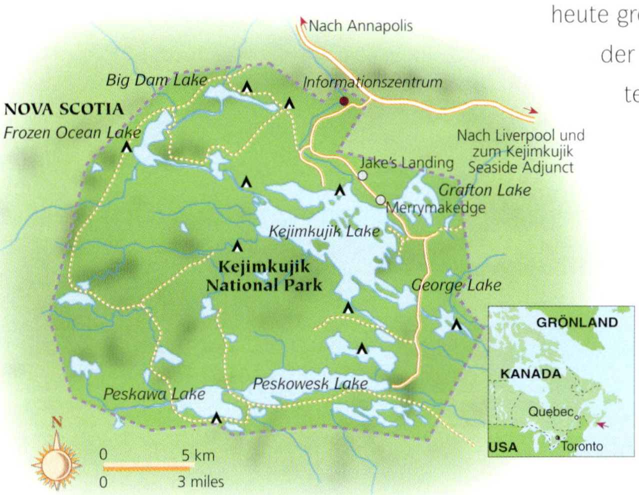

Linke Seite: *Der Kejimkujik Lake ist bei Kanuten beliebt – trotz der langen Portagestrecken, die man überwinden muss, um zu ihm zu gelangen* (oben). *Der Mersey River fließt durch Mischwälder im Herzen des Parks* (unten).

Oben rechts: *Diese Orchideenart (Purple-fringed Orchid) gedeiht auf den feuchten Wiesen des Parks.*

Kejimkujik bedeutet »geschwollene Körperteile«; diesen Namen gaben die Micmac einem der Seen des Parks, weil man ihn mit dem Kanu nur über anstrengende Portagestrecken erreichen konnte. Trotzdem erfreut sich der Kejimkujik Lake bei Kanuten heute großer Beliebtheit. Aufgrund der Entfernung zu den belebteren Küstenabschnitten ist der Park viel weniger überlaufen als andere Parks in Kanada.

Refugium für Raritäten

Entlang der Seeufer im Park zeigen die aufgrund von Erosion nur noch schwach erkennbaren Felszeichnungen der Micmac-Indianer stilisierte Menschen, Tiere, Tätigkeiten und Umrisse von Objekten wie z.B. von Händen. Wegen ihrer Empfindlichkeit sind die Felszeichnungen nicht öffentlich zugänglich; sie können lediglich während der Sommermonate im Rahmen geführter Rundgänge besichtigt werden.

Im Seaside Adjunct versucht man, die Bruterfolge der Flötenregenpfeifer zu steigern. Bis zu zehn Paare brüten am Strand von St. Catherine's River. Während der Brutzeit werden die Nester eingezäunt, um natürliche Feinde abzuhalten. Außerdem wird zu dieser Zeit der Strand gesperrt, damit die Vögel nicht gestört werden.

Eine der seltensten Pflanzen im Kejimkujuk Park ist das Wassernabelgewächs *Hydrocotyle umbellata* (Water

Lage: Der eigentliche Park liegt im Süden von Nova Scotia. Das Seaside Adjunct liegt südlich von Liverpool am Atlantik.

Klima: Kejimkujik ist ein Warmgebiet; der Sommer ist warm und trocken, der Winter kurz und kühl, nur wenig Schnee bleibt liegen. Durchschnittstemperaturen am Tag im Winter -5, im Frühjahr 10, im Sommer 18, im Herbst 8 Grad. Niederschläge ganzjährig, ca. 1400 mm. Flache Seen haben im Sommer höhere Wassertemperaturen. Im Seaside Adjunct Lufttemperaturen im Sommer etwas niedriger als im Binnenland, dafür im Winter etwas höher.

Reisezeit: Ganzjährig. Mit Ausnahme des ganzjährig geöffneten Besucherzentrums sind die meisten Einrichtungen und Dienstleistungen nur von Mai bis Okt. verfügbar. Die Strandgebiete des Seaside Adjunct sind während der Brutzeit der Flötenregenpfeifer gesperrt.

Anreise: Der Park liegt an der Route 8; zu erreichen von Halifax auf dem Hwy 103 (160 km), von Yarmouth auf dem Hwy 101 (190 km) oder von Digby auf dem Hwy 101 (90 km). Das Seaside Adjunct liegt 100 km südlich vom Park und ist über den Hwy 103, 25 km südwestlich von Liverpool, zu erreichen.

Einrichtungen: Besucherzentrum, Campingplatz, Spielplatz, bewachter Strand, Kanu- und Farradverleih.

Naturbeobachtungen: Schnecken, Schildkröten, Salamander, Frösche und Kröten; Vögel. Orchideen und Trompetenblatt.

Freizeitaktivitäten: Wandern, Camping, Picknick, Rad- und Kanufahren, Schwimmen, Angeln, Naturfotografie, Skilanglauf.

Oben: *Die Bäume der Hartholzwälder haben eine große Krone, um so viel Licht wie möglich zu bekommen.*

Unten rechts: *Der Scharlachtanager ist eine von mehreren Vogelarten, die im Park an die nördliche Grenze ihres Verbreitungsgebiets stoßen.*

Pennywort), eine Pflanze der Küstenebene. Sie kommt in Kanada nur an zwei Orten vor, die beide im Südwesten von Nova Scotia liegen, und zählt zu den gefährdeten Pflanzenarten. Seltene Tiere sind die Northern Ribbon Snake, eine Schlange, die in Kanada nur hier sowie ganz im Süden von Ontario zu finden ist, und der Assapan (ein Gleithörnchen). Einige Vogelarten stoßen im Park an die Nordgrenze ihres Verbreitungsgebiets, dazu zählen Scharlachtanager, Kormoran und Walddrossel. Das Klima des Parks ist für Farne förderlich; einige Arten sind auch in Nova Scotia selten, darunter Eichenfarn, Dwarf Chain Fern, Bog Fern und Curly-Grass Fern.

Paradies für Kriechtiere

Kejimkujik ist der wichtigste Park für Kriechtiere und Lurche in den Atlantikstaaten Kanadas. Hier leben fünf Schlangenarten, drei Schildkrötenarten, fünf Arten von Salamandern, eine Krötenart und sieben Froscharten. Diese Vielfalt ist zum einen den heißen Sommern und den milden Wintern zu verdanken, zum anderen den vielen unterschiedlichen Gewässern: trägen Flüssen und Bächen, flachen Seen, Mooren und Marschen. Von den drei Schildkrötenarten ist die Blanding's Schildkröte die seltenste – 150 Exemplare leben in ganz Nova Scotia und 95 Prozent von ihnen hier im Park. Seltene Schlangen sind die Maritime Garter Snake (eine Strumpfbandnatter) und die Northern Red-bellied Snake, die beide ungiftig sind. Frösche und Kröten sieht man selten, man hört eher das Trillern der Amerikanischen Kröte oder die tiefe Stimme des Ochsenfroschs. Schreifrösche sieht man häufig an Flussufern, doch den winzigen Wasserpfeifer bekommt man fast nie zu Gesicht – selbst im Frühjahr nicht, wenn sein lautes Pfeifen in der Nähe von stehenden Gewässern überall zu hören ist.

Das Seaside Adjunct

Das Seaside Adjunct war eine wichtige Errungenschaft für den Park, da sich nur wenige Küstenstriche von Nova Scotia in öffentlicher Hand befinden. Zu diesem Abschnitt gelangt man nur auf zwei unebenen und häufig nassen Trails: Aus Südwesten von Port Mouton führt eine alte Schotterstraße über Black Point (8 km), und ein (überwiegend aus Planken bestehende) 3 km lange Wanderweg beginnt am St. Catherine's River. Auf den Klippen im Wasser und den Landzungen leben Seehunde, Ohrenscharben und Eiderenten. Küstenvögel sind vor allem im August an den Stränden und Wattzonen anzutreffen. Die Purple Fringed Orchid, eine seltene Orchidee, wächst auf feuchten Wiesen ebenso wie das Trompetenblatt.

Saurer Regen

Der Kejimkujik National Park ist ein außergewöhnliches Beispiel für den Naturraum des Hochlands der Atlantikküste. Doch dieser Park scheint mehr als die meisten anderen kanadischen Parks vom sauren Regen bedroht zu sein. Dies liegt vielleicht an seiner südlichen Lage, da er unter den Wetterfronten, die aus den Industriegebieten nach Westen und Süden ziehen, besonders leidet.

Kouchibouguac National Park

Strände und Hochmoore

»They are the sea made land, to come to the fisher town,
And bury in solid sand the man she could not drown.«
Robert Frost, »Sand Dunes«

Der 1979 gegründete Kouchibouguak National Park ist 239 km² groß und schützt Hochmoore, Strände und Wälder. Einen Großteil des Landes bedecken Nadelwälder mit Weißzedern, Amerikanischen Rotfichten und Balsamtannen sowie Laubwälder mit Rotahorn, Gelbbirken und Zitterpappeln. Der Park umfasst auch einen 25 km langen Küstenstreifen mit Sanddünen und Sandbänken, die die Salzmarschen und Lagunen vor den Wassermassen des Gulf of St. Lawrence schützen. Sie machen den Park auch zu einem beliebten Sommerziel. Der übrige Teil des Parks ist flach und schlecht entwässert. Daher gibt es hier ausgedehnte Hochmoore, in denen Bleichmoos (Torfmoos) gedeiht, das stellenweise bis zu 5 m dick ist.

Strände für alle

Die Sandstrände sind sehr beliebt, weil sie relativ geschützt liegen und die Wassertemperaturen im Sommer recht angenehm sind. Doch die vielen Besucher stören die Tiere, die die Strände vorübergehend zu ihrem Zuhause machen. Flussseeschwalben nisten gern auf niedrigen Sandinseln, wo sie vor ihren natürlichen Feinden auf dem Boden besser geschützt sind. Die meisten Kolonien von Flussseeschwalben sind aus dem Osten Kanadas inzwischen verschwunden, weil sie von größeren, aggressiveren und anpassungsfähigeren Möwen vertrieben oder ausgerottet wurden. Die Zahl der Möwen hat mit jeder Müllhalde, mit jedem Abwasserrohr und jeder Bootsladung von Fischresten zugenommen. Eine der größten noch existierenden Kolonien von Flussseeschwalben mit ca. 5000 Paaren lebt hier im Park. Sie reagiert sehr empfindlich auf Störungen und ist daher für Besucher nicht zugänglich. Flötenregenpfeifer zählen zu den seltensten Küstenvögeln der Welt, weniger als 2500 Paare leben noch in Nordamerika. Sie brüten nur auf Sandstränden, die mit kleinen Steinen übersät sind. Sie müssen sich heute mit den Menschen um die bevorzugten Plätze streiten, und in diesem Kampf sind die Flötenregenpfeifer in der Regel die Unterlegenen. Im Kouchibouguak Park werden ihre Nistplätze jedoch geschützt, und während der Brutzeit ist der Zutritt zu ihren Stränden verboten. Selbst diese Schutzmaßnahmen sind natürlich noch keine Garantie für das Überleben dieser Vögel, doch es besteht zumindest Hoffnung. Kegelrobben und Gemeine Seelöwen genießen die Sandbänke, und entlang der Küste kann man während der Sommermonate die Jungtiere beobachten, die sich im Park zu Hunderten aufhalten.

Oben rechts: *Auf den Naturlehrpfaden des Parks informieren Schautafeln die Besucher über die Umgebung.*

Lage: Im Kent County, New Brunswick, an der Ostküste 100 km nördlich von Mocton.

Klima: Schwüles Kontinentalklima mit warmen Sommern, kalten Wintern und häufigen Stürmen, vor allem im Herbst und im Winter. Jährliche Niederschlagsmenge ca. 106 cm, 40 Prozent davon als Schnee.

Reisezeit: Ganzjährig. Viele Einrichtungen und Dienstleistungen sind jedoch nur von Mai bis Okt. verfügbar.

Anreise: Von Mocton über den Hwy 126 nach Norden und den Hwy 480 nach Osten zum Park oder von Mocton über den Hwy 15 nach Shediac und von dort auf dem Hwy 11 nach Norden die Küste entlang. Der nächste Flughafen ist in Moncton (Flüge täglich).

Einrichtungen: Besucherzentrum (Naturladen), Campingplätze, Trails, Picknickplätze, Informationstafeln, Openair-Tribüne, Spielplatz, bewachte Strände, Kanuverleih. In den umliegenden Orten: Unterkünfte, Restaurants, Geschäfte, Tankstellen, Waschsalons, medizinische Versorgung, Museen.

Naturbeobachtungen: Fischadler, die an den Lagunen auf Jagd gehen; im August in den Wattzonen von Kelly's Beach Zugvögel. Flussseeschwalben von Juni bis August.

Freizeitaktivitäten: Wandern, Naturfotografie, Schwimmen, Kanufahren, Mountainbiking, Skilanglauf.

Zu beachten: Die Nistplätze des Flötenregenpfeifers sind während der Brutzeit von April bis Anfang August abgesperrt. Bitte beachten Sie die Warnschilder.

Der Schwarze Sonnenhut zählt zu den auffälligen Pflanzen auf den feuchten Wiesen (ganz oben links).
Das Trompetenblatt ist eine Fleisch fressende Spezies, die in den Feuchtgebieten des Parks gedeiht (oben links).
Die Flüsse und geschützten Buchten des Parks sind für Kanuten bestens geeignet (oben rechts).

Besitzverhältnisse und Ausblick

Die Micmac-Indianer, die Ureinwohner der Küstenregion von New Brunswick, bezeichneten den größten Fluss im Park als Pejeboogwek, den »Fluss mit den langen Gezeiten«. Dieser Name wurde von den Europäern in Kouchibouguac (sprich Kuu-schu-buh-giäck) geändert. Die Micmac haben ihre Rechte an diesem Land nie offiziell abgetreten, und so wird in dieser Sache immer noch verhandelt. Europäische Siedler fällten Bäume, vor allem Weißfichten, rodeten Land, um Landwirtschaft zu betreiben, und mähten das Gras auf den Salzmarschen. Keiner der Wälder im Parks ist unberührt, alle befinden sich in unterschiedlichen Wachstumsstadien. Kouchibouguac war der vielleicht letzte Park in Kanada, der mit Hilfe von – nicht unumstrittenen – Enteignungen eingerichtet wurde. Verstädnlicherweise kochten vor allem bei den Anwohnern, die überwiegend von Akadiern abstammen und deren Vorfahren bereits unter der Vertreibung durch die Briten zu leiden hatten, die Emotionen hoch. Dem 1978 schließlich gegründeten Park stehen viele Bewohner der Region ablehnend gegenüber, obwohl er in dieser Gegend mit hoher Arbeitslosigkeit für einen Aufschwung des Tourismus gesorgt hat.

Der Kouchibouguac National Park schützt einen Teil des Naturraums der Appalachian Maritime Plains. Der Park ist durch die Auswirkungen der Erwärmung der Erdatmosphäre in Gefahr, da der Meeresspiegel anzusteigen droht. Die höchste Erhebung des Parks liegt nur 30 m über dem Meeresspiegel. Besorgnis erregend ist auch die noch immer in großem Ausmaß betriebene Wilderei.

Oben: *Der Park schützt eine der größten Kolonien von Flussseeschwalben in Ost-Kanada.*

Links: *Zu den Besuchereinrichtungen zählt ein Plankenweg mit einem Aussichtstürmchen, das einen weiten Blick über das Moor eröffnet.*

Zu den Vögeln, die Besucher im Park zu sehen bekommen, gehören das Kragenhuhn, das im Wald lebt (ganz links), *und der Schreiregenpfeifer* (links), *der sich an der Küste aufhält.*

Prince Edward Island National Park

Ein Park in Bewegung

»Hier am Strand entlang ich schritt, eine wunderbare Jugend pflegend.«
Alfred Lord Tennyson, »The Lord of Burleigh«

Für viele Besucher ist Prince Edward Island vor allem ein gigantischer Sandspielplatz. Der Park ist lang und schmal und macht auf den ersten Blick in der Tat den Eindruck, als habe er nicht mehr als Strand und Watt zu bieten. Doch im Hinterland der Küste ist die Landschaft mit Salzmarschen, Wäldern und Feldern vielgestaltiger. Prince Edward Island ruht im Wesentlichen auf Sedimentgestein; das intensive Rot der Sandsteinschichten beruht auf der hohen Eisenkonzentration im Boden. Da Sandstein den Wellen nicht lange standhalten kann, wird von der Küstenlinie mit den Stürmen regelmäßig ein Stück abgetragen, an einigen Stellen bis zu drei Meter pro Jahr. Mit dem Küstenverlauf ändern auch die Dünen ihre Gestalt, vor allem, wenn auf ihnen kein Strandhafer wächst, der den Sand zusammenhält. Die Strände und zwei historische Stätten locken jährlich 750 000 Besucher in den 1937 gegründeten Park, dessen Herzstück eine Fläche von nur 22 km^2 umfasst. Hinzu kommt noch der im Juli 2000 eröffnete Parkabschnitt bei Greenwich.

Lebensräume für Vögel

Die unterschiedlichen Lebensräume bieten jeweils bestimmten Spezies Schutz. An den Stränden selbst sind nur wenige Vögel zu finden. Der Flötenregenpfeifer ist da eine seltene Ausnahme, und seine wenigen Nistplätze werden geschützt. Gryllteiste nisten auf den Klippen am Orby Head. Und wenn vor der Küste ein starker Wind weht, fliegen oft Basstölpel über dem Meer. Schlickzonen sind für Zugvögel sehr attraktiv; die besten Plätze befinden sich bei der Covehead Bridge und an der Küstenflanke der Landspitze Cavendish Sandspit. Das Dünengras ist der Lebensraum für Wühl- und andere Mäuse, die im Sommer von Kornweihen und Sumpfohreulen und im Winter von Schnee-Eulen gejagt werden. In den Salzmarschen und Flachwasserteichen sind viele Enten zu Hause, und zwischen den Rohrkolbengewächsen halten sich u.a. Sumpfzaunkönige auf. Die blaugrauen Kanadareiher, die Symboltiere des Parks, sind allgegenwärtig, außer im Winter.

Ein weiteres interessantes Habitat stellen die Salzmarschen dar. Landwirtschaft wird auf dem Gelände

Linke Seite:
Das auffällige Rot in den Sandsteinschichten der Klippen stammt von der hohen Eisenkonzentration im Sedimentgestein (oben). *Der Kanadareiher ist das Symboltier des Parks. Er ist oft zu sehen, wenn er in den Salzmarschen und Süßwasserteichen Fische fängt* (unten).

Oben rechts: *An den Stränden der Insel werden reichlich Muscheln angeschwemmt – da werden Strandspaziergänger immer fündig.*

Lage: In der Mitte der Nordküste von Prince Edward Island; am Gulf of St. Lawrence. Der Hauptteil erstreckt sich von Cavendish im Westen über 40 km bis zur Tracadie Bay im Osten. Ein neuer Abschnitt bei Greenwich, 20 km östlich der Tracadie Bay, wurde im Juli 2000 eröffnet.

Klima: Schwüles Kontinentalklima mit warmen Sommern, kalten Wintern und häufigen Stürmen (Herbst/Winter).

Reisezeit: Ganzjährig. Die meisten Einrichtungen und Dienstleistungen sind jedoch nur von Mai bis Okt. verfügbar.

Anreise: Nächster Flughafen in Charlottetown (täglich Flüge). Brücke zwischen dem Festland und Borden-Carleton. Fähre von Wood Islands zum Festland (Mai bis Mitte Dez.). Mit dem Auto: von Borden-Carleton nach Dalvay auf der Route 2 Richtung Osten, dann auf der R 25 Richtung Stanhope, dann weiter auf R 6. Nach Cavendish: auf dem Trans-Canada Highway bis zur R 1A nach Kensington, dann R 6 nach Norden. Von den Wood Islands: auf dem Trans-Canada Highway nach Charlottetown, dann R 2 bis zur R 15.

Einrichtungen: Besucherzentrum, Campingplätze, Trails, bewachte Strände, Picknickplätze, Infotafeln, historische Stätte Green Gables, Restaurants.

Naturbeobachtungen: Vor allem Küstenvögel (im Aug.), Rotfuchs, Biber, Schneeschuhhase, Bisamratte.

Freizeitaktivitäten: Wandern, Picknicken, Camping, Schwimmen, Golf, Bowling, Tennis, Fotografieren, Strandgut sammeln.

Zu beachten: Die Nistplätze des Flötenregenpfeifers sind während der Brutzeit von April bis Anfang Aug. abgesperrt.

Rechts: *Auf Prince Edward Island leben auch kleinere Säugetiere wie der Waschbär.*

Unten: *Der gefährdete Flötenregenpfeifer brütet in kleiner Zahl auf den Stränden der Insel.*

des Parks nicht mehr betrieben, auch wenn es noch einige Felder gibt. Hier lohnt es sich, nach Bobolinks (*Dolichonyx oryzivorus*) und Savannensperlingen Ausschau zu halten. Obwohl es keine ausgedehnten Wälder mehr gibt, ist in den bestehenden Wäldern die größte Vogelvielfalt des Parks zu finden, u. a. Rosenbrust-Kernknacker, Goldspecht, Gartentyrann und Einsiedlerdrossel.

Green Gables und Dalvay-By-The-Sea

Die Ureinwohner dieser Region waren die Vorfahren der noch heute hier lebenden Micmac-Indianer. Sie ernährten sich von dem, was Wald und Meer ihnen boten. Die Franzosen waren die ersten Europäer, die hier eintrafen. Den von ihnen besiedelten Landstrich an der Atlantikküste nannten sie Akadien (*l'Acadie*), weshalb man die französischen Siedler als Akadier bezeichnete. Sie rodeten Land, legten Farmen an und wirtschafteten erfolgreich, bis sie von den Briten vertrieben wurden, die gegen Ende des 18. Jahrhunderts hier eintrafen.

Heute konzentrieren sich Besucher auf zwei historische Stätten: Green Gables und Dalvay-By-The-Sea. Das Anwesen Green Gables inspirierte die Schriftstellerin Lucy Maude Montgomery zu einigen Büchern, z. B. auch zu ihrem bekanntesten Werk, »Anne auf Green Gables« (1908). Heute wird in Green Gables das Leben auf Prince Edward Island im späten 19. Jahrhundert dokumentiert. Dalvay-By-The-Sea wurde 1896 als Sommerhaus eines amerikanischen Ölmagnaten im viktorianischen Stil erbaut und ist heute ein privat geführtes Hotel.

Rotschulterstärlinge nisten in dichter Vegetation an Süßwassermarschen und sammeln sich im Spätsommer zu großen Schwärmen, bevor sie nach Süden ziehen.

Gefahren für den Park

Der Prince Edward Island National Park gehört zu den Maritime Plains. Dieser Naturraum wurde im Lauf der Jahrhunderte stark verändert. Im Park ist man bemüht, wieder einen lebensfähigen Wald anzupflanzen. Die Gefahren, denen der schmale Park ausgesetzt ist, sind beträchtlich. Die durch Erosion gefährdete Küste könnte noch schneller abbröckeln, wenn der Meeresspiegel aufgrund der Erwärmung der Erdatmosphäre ansteigt. Außerdem belasten die intensiv betriebene Landwirtschaft außerhalb der Parkgrenzen und die Verwendung von Pestiziden und Herbiziden Pflanzen und Tiere im Park. Auch die starke Beanspruchung der Strände durch 750 000 Besucher pro Jahr ist Besorgnis erregend.

Terra Nova National Park

Fjorde, Flussarme und andere Gewässer

»... schaue in den Sonnenuntergang und ... sehe hoch über mir einen Adler fliegen.«

Grey Owl (Wa-sha-quon-asin)

Terra Nova, der östlichste Nationalpark Kanadas, wurde 1957 gegründet – weniger als zehn Jahre, nachdem Neufundland und Labrador kanadische Provinzen geworden waren. Auch wenn der Park noch immer nicht so groß ist, wie es sich die Bundesregierung ursprünglich erhofft hatte, erstreckt er sich immerhin über eine Fläche von 400 km². Er schützt eine wichtige Landschaft im Osten Neufundlands und umfasst den einzigen relativ unberührten Küstenstrich Neufundlands am Atlantik. Im Gegensatz zu anderen Nationalparks, die am Meer liegen, üben in Terra Nova weder Wald noch Meer einen beherrschenden Einfluss aus. Der Park stellt vielmehr eine für Kanadas Parks einmalige gute Mischung aus beidem dar. Die Wälder und Moore erforscht man am besten zu Fuß, denn der Park bietet gute Wanderpfade.

Leben auf der Insel

Während der letzten Eiszeit bedeckten Gletscher die Insel, und nach dem Rückzug des Eises siedelten sich nur wenige Säugetiere auf der Insel an. Ein paar weitere Arten kamen im Zuge der Besiedlung Neufundlands hinzu und haben sich eingelebt, allerdings oft auf Kosten der heimischen Arten. Der ursprünglich hier heimische Neufundland-Wolf wurde von Jägern ausgerottet und nicht wieder eingeführt. Vor nicht langer Zeit kamen Kojoten aus Labrador über das Eis und haben sich in der Provinz ausgebreitet. Schneeschuhhasen, Spitzmaus, Rothörnchen, Chipmunks und Elche wurden alle eingeführt und haben sich durchgesetzt. Vor allem die Elche haben sich rasch vermehrt; sie bekommt man in Terra Nova häufig zu Gesicht. Sie sind inzwischen so zahlreich, dass Zusammenstöße mit Autos ein Problem darstellen. Jedes Jahr werden mehr als zwanzig solcher Unfälle registriert. Bitte beachten Sie Geschwindigkeitsbegrenzungen und seien Sie besonders in der Dämmerung vorsichtig.

Säugetiere sind aber nicht die einzigen eingeführten Tiere. Kragen- und Tannenhühner wurden als Jagdvögel ausgesetzt, mehrere Froscharten kamen eher zufällig mit auf die Insel. Und wie überall in Nordamerika gelangten viele Pflanzen entweder als Gartenpflanzen oder unabsichtlich in Form von Samen vom Festland auf die Insel.

Eisberge und Treibeis

Auf den Gewässern von Terra Nova erfreuen sich Bootsausflüge großer Beliebtheit. Es gibt eine kleine Kolonie mit Papageitauchern, und regelmäßig werden Buckel-

Oben rechts: *Weißkopfseeadler jagen entlang der Küste nach Fischen.*

Lage: An der Ostküste der Insel Neufundland.

Klima: Kontinentalklima mit Meereseinflüssen. Im Winter kalt und viel Schnee, im Frühjahr kühl, im Sommer und Herbst warm.

Reisezeit: Ganzjährig. Viele Einrichtungen und Dienstleistungen sind jedoch nur von Mai bis Anfang Oktober verfügbar.

Anreise: Über den Trans-Canada Highway; 240 km nordwestlich von St. John und 80 km südöstlich von Gander. Der nächste Flughafen ist Gander.

Einrichtungen: Besucherzentrum mit Naturladen, Trails, Picknickplätze, Informationstafeln, Campingplätze, Spielplatz, Openair-Tribüne, Bootsrampe, Pier. In den nahe gelegenen Orten Glovertown, Clarenville, Port Blanford und Gander gibt es alles für den Touristenbedarf.

Naturbeobachtungen: Elche morgens und abends in der Dämmerung am Straßenrand. Wale und Eisberge auf Bootsausflügen.

Freizeitaktivitäten: Wandern, Picknicken, Kanufahren, Bootsausflüge auf dem Meer, Autorundfahrten, Golf, Tauchen, Skilanglauf, Angeln

Zu beachten: 1. Fahren Sie vorsichtig, regelmäßig passieren Zusammenstöße mit Elchen, vor allem in der Dämmerung.
2. Im Sommer gibt es meist viele Moskitos und Kriebelmücken.

Oben: *Auf Bootsausflügen können Besucher den Newman Sound und andere Fjorde des Parks erforschen.*

Ganz rechts: *Die Trottellumme ist eine von vielen Seevogelarten, die man vom Boot aus zu sehen bekommt.*

Rechts: *Weißkopfseeadler sind mit ihren mächtigen Schwingen, ihrem weißen Kopf und Schwanz im Flug gut zu erkennen.*

wale gesichtet. Zur entsprechenden Jahreszeit bekommt man beeindruckende Eisberge zu sehen. Die Gletscher haben sich schon vor langer Zeit von Neufundland zurückgezogen, doch in nördlicheren Breiten sind sie noch zu finden, vor allem auf Baffin Island und Grönland. Dort

gleiten mächtige Gletscher langsam hinunter ins Meer, wo sie »kalben«, wie man das Abbrechen der Gletscherzunge im Meer nennt. Die Brocken treiben als Eisberge mit der Meeresströmung davon. Wie viele Eisberge sich bilden, ist jedes Jahr unterschiedlich. Im Durchschnitt brechen mehr als 1000 pro Jahr ab, von denen ungefähr 400 die mehrjährige Reise in den arktischen Strömungen bis nach Neufundland überstehen. Ein richtiger Eisberg weist eine dunkle blaugrüne Färbung auf, die von den zahllosen winzigen Felspartikeln stammt, die von den Gletschern abgerieben wurden. Eisberge unterscheiden sich deutlich vom weißen Treibeis (Drifteis), das sich im Winter auf dem Atlantik bildet und zusammen mit den Eisbergen von den Strömungen Richtung Süden

getrieben wird. Wenn das Eis allmählich schmilzt, bricht es auseinander. Zwischen Mai und Mitte Juli kann man die Eisberge am besten studieren und von einem gecharterten Boot aus der Nähe anschauen. Doch selbst wenn die Skipper erfahrene Bootsführer sind, bleibt ein Restrisiko, denn bis zu drei Viertel eines Eisbergs liegen unter der Wasseroberfläche, und die Eisschollen unter Wasser können einem Boot großen Schaden zufügen. Eisberge können auch jeden Augenblick auseinanderbrechen, Wellen schlagen und gefährliche Strudel erzeugen. Wenn die Umstände keine Bootsfahrten erlauben, bleiben immer noch die Fernrohre auf den Aussichtstürmen auf Blue und Ochre Hill. Mit ihrer Hilfe lassen sich die Eisberge auf ihrem Weg nach Süden gut beobachten.

Zu klein, um wirklich Schutz zu bieten

Der Terra Nova National Park schützt den Naturraum des Ostatlantiks in Neufundland. Hätte der Park bei seiner Gründung die ursprünglich geplanten 1 000 km² umfasst, wäre er heute gesichert. Doch die Provinzregierung hielt damals Gebiete zurück, weil sie für die Holzfällerei und für die Erzeugung von Wasserkraft von Bedeutung sind. Der Park wird so durch intensiv betriebene Holzfällerei außerhalb seiner Grenzen bedroht. Wilderei stellt ebenfalls ein Problem dar. Die Brutvögel auf der Insel werden durch zu dicht heranfahrende Boote gestört und haben unter der Überfischung der Gewässer zu leiden.

Oben: *Der Sonnenaufgang beleuchtet stimmungsvoll das Hügelpanorama am Newman Sound und der Eastport Bay.*

Links: *Die auffällige Blaue Iris wächst in den Feuchtgebieten des Parks.*

Links: *Quallen fühlen sich in den nährstoffreichen Gewässern des Parks wohl.*

DER NORDEN

Und der stille, unheimliche und ursprüngliche Norden zeigt, erfüllt vom Zauber und bevölkert von Geistern und Dingen, die man nur aus Legenden kennt, was in ihm steckt, und verschluckt das kleine Camp, taucht es in die ausgedehnte Einsamkeit der Wildnis ein, und verschlingt es in der unermesslichen und unvorstellbaren Weite.« (Grey Owl)

Nirgendwo sonst in Kanada dominieren die Kulturen der Indianer sowie der anderen Ureinwohner das Leben und der Winter das Klima so sehr wie hier im Norden. Das Yukon Territory, die Northwest Territories und Nunavut erstrecken sich von West nach Ost über Kanadas Arktis. Sie sind schwer zugänglich und werden von den meisten Kanadiern nie besucht. Die Ausdehnung dieser Landschaft ist gewaltig. Extrem sind auch die wirtschaftlichen Probleme, da die Ureinwohner ihr traditionelles Nomadendasein zwar zunehmend aufgeben, aber Schwierigkeiten haben, sich der »südlichen«, sesshaften Lebensweise anzupassen. Ihre Kultur und ihren Stolz haben sie sich jedoch bewahrt.

Das Yukon Territory ist überwiegend gebirgig, weist in der Nähe des Atlantiks aber auch tiefer liegende Küstenebenen auf. Die Northwest Territories mit den MacKenzie Mountains im Westen, der hügeligen Tundra am Nordpolarmeer, den Inseln des westlichen arktischen Tieflands und den borealen Hochplateaus im Südwesten sind majestätisch und beeindruckend. Nunavut, Kanadas jüngstes autonomes Territorium, umfasst die eisigen, gebirgigen Inseln des Kanadisch-Arktischen Archipels, eine ausgedehnte Tundra auf dem Festland, Baffin Island sowie die gesamte Hudson Bay. Die Menschen aus dem Norden lieben ihr Land und teilen es gern mit denen, die sich Zeit nehmen und weder Kosten noch Mühen scheuen, hierher zu kommen. Die Nationalparks des Nordens suchen ihresgleichen, allerdings ist mit einer Ausnahme (Kluane) keiner von ihnen über eine Straße zu erreichen. Hier liegt die wahre Wildnis Kanadas.

Kluane National Park Reserve

Kanada hoch oben

»... und schneebedekcte Gipfel, alt und voll Geschichte.«
Alfred Lord Tennyson, »The Revenge«

Kein Gebirge und kein Gletscher in British Columbia und Alberta kann mit den St. Elias Mountains in Yukons Westen mithalten – sie sind das Herz und die Seele der Kluane National Park Reserve. Der Mount Logan, der höchste Berg in Kluane, ist 5959 m hoch und damit der höchste Gipfel Kanadas und der zweithöchste Nordamerikas. Kluane wurde 1972 als National Park Reserve gegründet und umfasst eine Wildnis von 22 015 km². Der Park ist die Heimat von Elchen, Karibus, Grizzlys, Dallschafen und Schneeziegen. 82 Prozent der Fläche bestehen aus Gebirge und Eis, daneben gibt es nur noch einen schmalen Streifen mit Tälern und Seen, wo die meisten Tiere und Pflanzen leben bzw. wachsen.

Geschichte

Die Kluane National Park Reserve ist die Heimat der Southern-Tutchone-Indianer. Im Laufe von Tausenden von Jahren entwickelten sie wirkungsvolle Methoden, um mit den extremen Lebensbedingungen in der Wildnis fertig zu werden. Ihre Kenntnisse über die jahreszeitlichen Veränderungen und den damit einhergehenden Vegetations- und Populationswechseln in Flora und Fauna wurden mündlich überliefert. Auf diese Weise haben sich auch ihre kulturellen Traditionen bis heute erhalten.

Kluane wurde nach dem Kluane Lake benannt, der bei den Indianern *Lu'An Mün* (»See mit vielen Fischen«) hieß. Er ist der größte See in Yukon. Die Southern Tutchone trieben zunächst mit den Ureinwohnern der Pazifikküste, den Tlingit-Indianern, Handel, später auch mit den Europäern, die auf der Suche nach Reichtum in die Neue Welt kamen. Reich wurden sie zunächst mit Fellen, später vor allem mit Gold. Doch im Gebiet von Kluane

Linke Seite: *Von Haines Junction aus betrachtet, bilden die gewaltigen St. Elias Mountains eine eindrucksvolle Kulisse für die Wildnis von Kluane* (oben). *Im Sommer ziehen die Grizzlys von den Tälern der Ebene hinauf zu den Bergwiesen* (unten links). *Dallschafe sind die häufigsten Säugetiere* (unten rechts).

Oben rechts: *Der Vielfraß führt ein Nomadendasein und legt auf der Suche nach Nahrung weite Strecken zurück.*

Vorhergehende Seiten: *Vom Summit Lake aus schlängelt sich das Weasel River Valley weit in den von vielen Gletscherzungen bedeckten Auyittuq National Park hinein* (Seite 146). *Arktischer Mohn blüht im kurzen Sommer des Nordens, wenn die Sonne bis zu 19 Stunden am Tag scheint* (Seite 147).

Lage: In der Südwestecke des Yukon Territory; grenzt an den St. Elias Park und den Glacier Bay National Park in Alaska sowie den Tatshenshini-Alsek Wilderness Park in British Columbia. Die nächsten Orte sind Haines Junction und Yukon.

Klima: Trockenes kaltes Kontinentalklima, veränderlich, mit Gebirgs- und Meereseinflüssen. Extreme Temperaturen zwischen 33 und -50 Grad. Durchschnittstemperaturen im Juni 11, im Januar -21 Grad. Tageslicht im Juni 19, im Dezember vier Stunden. Frost oder Schnee kann es das ganze Jahr über geben.

Reisezeit: Ganzjährig. Die Zubringermöglichkeiten sowie die meisten Einrichtungen und Dienstleistungen sind jedoch nur von Ende Mai bis Sept. verfügbar.

Anreise: Aus Osten auf dem Alaska Highway (160 km bis Whitehorse), aus Süden auf der Haines Road (249 km bis Haines, Alaska). Der Flughafen in Whitehorse wird täglich von Vancouver angeflogen. Der Alaska-Marine-Highway-Fährdienst steuert Haines oder Skagway an.

Einrichtungen: Trails, zwei Besucherzentren, Campingplätze. Haines Junction: Unterkünfte, Campingplätze, Geschäfte, Tankstelle, medizinische Versorgung.

Naturbeobachtungen: Gebirge und Gletscher, Grizzlybären, Dallschafe, Vögel.

Freizeitaktivitäten: Wandern, Radfahren, Mountainbiking, Reiten, Angeln, Wildwasserfahrten, Bergsteigen, Boot- und Kanufahren, Schneeschuhlaufen, Skilanglauf, Hundeschlittenfahren.

Zu beachten: Für alle Touren ins Hinterland benötigt man eine Genehmigung.

selbst gab es wenig Gold, und der berühmte Klondike-Goldrausch ging an dieser Region vorbei. Auswirkungen auf die Natur hatte indirekt der Zweite Weltkrieg, denn das Risiko einer Invasion veranlasste die Amerikaner 1942, den weltberühmten Alaska Highway zu bauen, heute einer der wenigen größeren Zufahrtswege.

Eis in Bewegung

Die St. Elias Mountains allein sind schon beeindruckend, doch in Kluane wird ihre Wirkung noch durch die benachbarten größten Eisfelder der Welt außerhalb der Pole verstärkt. Die feuchte Luft des Pazifiks lagert gewaltige Schneemassen auf den Gletschern ab, die in Schüben ruckartig abwärts gleiten, normalerweise zwischen 5 und 10 m pro Jahr. Gelegentlich rutschen sie aber auch bis zu 1 km pro Jahr vorwärts. Um das Jahr 1725 glitt der 65 km lange Lowell-Gletscher abwärts und versperrte das Tal des Alsek River. Er bildete einen Damm aus Eis, durch den ein riesiger See entstand, der jenes Gebiet bedeckte, auf dem sich heute der Ort Haines Junction befindet. Der Damm schmolz 125 Jahre später, und der See ergoss sich innerhalb von zwei Tagen in die Umgebung. Die Auswirkungen dieser gewaltigen Überschwemmung (rund 41 km³ Wasser überfluteten die Region) sind noch heute zu sehen: Die Wassermassen hinterließen Kies, der den Mutterboden unter sich begrub und die Vegetation vernichtete. Die Southern Tutchone haben großen Respekt vor den Gletschern, vor allem vor dem Lowell Glacier, den sie Naludi nennen. In ihren Augen sind Gletscher lebendige Wesen, die einen Menschen verschlingen können. Der See, der gegenwärtig am Fuße des Lowell Glacier liegt, war früher viel größer. Auf einem Schiff kann man sich den Binnenland-Eisbergen nähern, die vom Gletscher abgebrochen sind.

Flora und Fauna

Auch wenn der Kluane Park südlich des nördlichen Polarkreises liegt, ist diese Region in den Augen der Kanadier schlichtweg »der Norden«. Da er jedoch noch vom Feuchtklima des Pazifiks beeinflusst wird, hat sich hier eine größere Vielfalt an Pflanzen und Tieren entwickelt als irgendwo anders im Norden Kanadas. Die größte Vielfalt findet sich unterhalb der Baumgrenze, wo es wärmer ist. Allerdings wachsen auch mehr als 200 Hochgebirgspflanzen in der rauen Region oberhalb der Baumgrenze und unterhalb der Eiszone. Hier oben im Norden gedeihen nicht so viele verschiedene Bäume wie z. B. im Point Pelee National Park in Ontario; zu den charakteristischen Laubbäumen zählen Balsam- und Zitterpappeln, bei den Nadelbäumen dominieren die Weißfichten.

Zahlreiche große Säugetiere leben im Park. Am weitesten verbreitet ist das Dallschaf, das man (wenn auch aus der Ferne) auf den Abhängen des Sheep Mountain zu sehen bekommt. Im Frühjahr und Herbst sind die Tiere am leichtesten auszumachen, vor allem mit Hilfe eines Fernrohrs am Besucherzentrum des Sheep Mountain. Halten Sie auch Ausschau nach Schneeziegen. In den tieferen Lagen bekommen Sie in Wassernähe vielleicht Elche zu sehen – die hier lebenden Tiere zählen zu den Größten ihrer Art. Auch Grizzlys und Schwarzbären leben in Kluane; die größeren Grizzlys halten sich vorwiegend auf den Wiesen der Berghänge und in den Tälern der Ebene auf, während die Schwarzbären die Wälder vorziehen. Weitere Säugetiere sind der scheue Vielfraß, das Eisgraue Murmeltier, der Fischotter sowie das Parry-Ziesel. Im Park leben zwar nicht so viele Vogelarten wie in den gemäßigteren Zonen, dennoch finden sich einige ungewöhnliche Arten wie Weißschwanzschneehuhn, Steinadler, Gerfalke oder Prachttaucher.

Oben: *Zu den spärlich vertretenen Laubbäumen in diesen nördlichen Breiten zählen Birken, Zitterpappeln und Balsamtannen.*

Linke Seite: *Mount Alsek ist das ganze Jahr über schneebedeckt* (oben). *Der Kaskawulsh Glacier ist Teil des größten Eisfelds der Welt, das südlich des nördlichen Polarkreises zu finden ist* (unten).

Mehr Besucher?

Die Kluane National Park Reserve repräsentiert den Naturraum der nördlichen Küstengebirge. Sorgen machen den Naturschützern die Wilderei und die staatlichen Bestrebungen, noch mehr Touristen abseits der Highway-Schneise den Zutritt zum Park zu gestatten. Das könnte zu Schädigungen der Vegetation führen.

Links: *Wölfe legen bei ihrer Nahrungssuche manchmal weite Entfernungen zurück.*

Nachfolgende Doppelseite: *Das Schmalblättrige Weidenröschen verleiht den Bergwiesen von Kluane Farbe.*

Auyittuq National Park Reserve

Das Land, das nie auftaut

»Die Wege in der Arktis bergen ihre eigenen Geheimnisse ...«
Robert Service, »The Cremation of Sam McGee«

Die Kanadier betrachten sich selbst als Menschen des Nordens, doch nur wenige unternehmen jemals eine Reise in die Regionen nördlich des 60. Breitengrads. Und noch weniger wagen sich in den Auyittuq-Park, um über den Akshayuk Pass zu wandern, auf dem Highway-Gletscher Ski zu fahren oder die mächtigen Felswände des Mount Thor zu bewundern. Die 1976 gegründete Auyittuq National Park Reserve ist 21 470 km² groß. Es kostet einige Mühe, zum Park zu gelangen, doch man wird dafür mit überwältigenden Natureindrücken belohnt: mit tiefen Fjorden, abgeflachten Gebirgen und den von Gletschern ausgewaschenen Tälern. Gekrönt wird alles von einem gewaltigen Eisfeld, dem Penny Ice Cap, von dem Eiszungen in die Umgebung ragen, tiefe Täler in die Gebirge schneiden und während der kurzen arktischen Sommer kalte, reißende Flüsse entstehen.

Linke Seite: *Die steil abfallenden Felswände des Mount Thor überragen eine dramatische Landschaft, in der gut trainierte Besucher unvergessliche Stunden in der Wildnis erleben können.*
Oben rechts: *Im Park gibt es nur wenige Besuchereinrichtungen. Auf dem Campingplatz von Windy Lake sind ein paar Nothütten errichtet worden.*

Der Akshayuk Pass

Die meisten Besucher des Parks wandern durch das Tal des Akshayuk Pass (ehemals Pangnirtung Pass), das den North und den South Pangnirtung Fjord verbindet. Der höchste Punkt des Passes liegt auf nur 400 m Höhe und ist während des kurzen Sommers eisfrei. Beliebt ist die Wanderung vom oberen Ende des South Pangnirtung Fjord am Weasel River entlang zu Summit und Glacier Lake (hin und zurück 103 km). Es ist auch möglich, den gesamten Pass entlangzuwandern (100 km). Die meisten, die diese Wanderung unternehmen, starten vom oberen Ende des North Pangnirtung Fjord, nachdem sie zunächst nach Qikitarjuaq geflogen sind. Die Abfahrt von Pangnirtung bzw. von Qikitarjuaq hängt von den Eisverhältnissen auf dem Fjord ab. Normalerweise werden Boote benutzt, doch wenn der See zugefroren ist, kommen Schneemobile zum Einsatz. Bei brüchigem Eis ist kein Zugang möglich.

Während der Wanderung am Akshayuk Pass blickt man auf die überwältigende Landschaft der Penny Highlands, darunter den Mount Overlord (die Inuit nennen ihn Pangniqtup Qingua), den Mount Asgard (Sivanitirutinguak), den Turner Glacier (Auyuittuit) und vor allem den eindrucksvollen Mount Thor (Qaisualuk). Die 1500 m

Lage: Auf Baffin Island, am Nordufer der Cumberland-Halbinsel. Fast der gesamte Park liegt nördlich des Polarkreises.

Klima: Arktisch, mit wechselhaften Gebirgseinflüssen. Höchsttemperaturen im Juli 11, im Winter -23 Grad. 36 cm Niederschläge pro Jahr, meist als Schnee. Häufig starke Winde.

Reisezeit: Die Parkverwaltung ist ganzjährig besetzt, der Park selbst schließt nie. Doch aufgrund von Lage und Klima sind Besuche in der Regel nur zwischen Ende Mai und Mitte Okt. möglich. Die meisten Besucher kommen zwischen Mitte Juli und Mitte Oktober.

Anreise: Von Montreal, Ottawa, Yellowknife oder Nuuk (Grönland) per Linienflug nach Iqaluit (North West Territories). Weiter per Charter nach Qikitarjuaq auf Broughton Island oder Pangnirtung auf Baffin Island. Outfitter bringen Sie im Boot nach Pangnirtung oder Qikitarjuaq (Mitte Juli bis Mitte Okt., wenn der Fjord eisfrei ist), sonst per Schneemobil. Das Besucherzentrum in Pangnirtung oder das Büro in Qikitarjuaq vermitteln Outfitter.

Einrichtungen: Parkverwaltung und Besucherzentrum in Pangnirtung. Büro des Direktors (Warden Office) in Qikitarjuaq (April bis Sept.). Im Park bis auf einige Nothütten keine Einrichtungen.

Naturbeobachtungen: Seehunde, Wale, Walrosse; Polarfüchse, Karibus, Wölfe; Alpenschneehühner, Schnee-Eulen, Gerfalken. Pflanzen: Arktischer Mohn, Lappländische Alpenrose.

Freizeitaktivitäten: Wandern, Bergsteigen und Klettern, Abfahrtslauf, Schneemobilfahren, Hundeschlittenfahren, Angeln.

Zu beachten: 1. Jeder Besucher ist für seine eigene Sicherheit verantwortlich: richtige Ausrüstung, gute Vorbereitung, körperliche Fitness! 2. Halten Sie sich von Eisbären fern.

Der Polarfuchs ist ein anpassungsfähiges Raubtier, das sich oft über die Beute von größeren Tieren hermacht (oben).
Im Sommer rauscht ein reißender Strom aus dem Schmelzwasser des Gletschers durch das Weasel River Valley (unten).

hohen Felswände zählen zu den höchsten der Welt. Die Schwartzenbach Falls (Quiltasaniakvik) stürzen 600 m tief zum Weasel River hinab. Auf den schweren Abschnitten der Akshayuk-Pass-Wanderung markieren *inukshuks* (Steinmännchen) den sichersten Weg über Gletschermoränen und durch Flüsse. Außerdem sollen sie verhindern, dass der Vegetation Schaden zugefügt wird. Die meisten Wanderer betrachten die überhängenden Gletscher aus der Entfernung, doch auch von einigen Seitentälern aus kann man das Eisfeld betrachten.

Die Menschen des Nordens

Die Inuit, wie sich die Ureinwohner nennen, bewohnen Baffin Island schon seit Tausenden von Jahren. Fast immer siedelten sie in Küstennähe, da die Meeressäuger und die Vögel ihnen alles Lebensnotwendige lieferten. Die Vorfahren der heutigen Inuit, die Thule, bauten entlang der Küste von Baffin Island Steinhäuser, von denen noch Fundamente zu sehen sind. Die ersten Europäer trafen 1585 ein, und Berichte über Wale veranlassten eine Gruppe von Schotten, in Kivitoo (Broughton Island) eine Siedlung zu gründen. Spuren des Walfangs sind noch in Kivitoo und im Kekerten Island Territorial Park im Cumberland Sound auszumachen.

Gute Vorbereitung

Der riesige Park stellt für Besucher zu jeder Jahreszeit eine Herausforderung dar. Sie haben die Möglichkeit, in Pangnirtung und Qikitarjuaq einen so genannten Outfitter anzuheuern, der Sie auf einem Tagesausflug bis zum Parkrand bringt. Viele Besucher ziehen jedoch die etwas anstrengendere mehrtägige Wanderung durch den Park vor. Solche Wanderungen sollten Sie nicht auf die leichte Schulter nehmen. Sie setzen eine sorgfältige Vorbereitung und eine gute Ausrüstung voraus. Bei der Vorbereitung sollten Sie sich unbedingt mit Ortskundigen und Outfittern beraten. Denken Sie daran: Sie sind im Park allein und können bei Schwierigkeiten nicht mit einer schnellen Rettung rechnen. Auyittuq ist Wildnis!

Links: *Die Überreste des winterlichen Packeises sind an den Ufern des Cumberland Sound gestrandet und schmelzen dahin.*

Unten links: *Ein Karibu-Bulle trägt während der Brunftzeit stolz sein mächtiges Geweih zur Schau. Das weibliche Karibu hat ein kleineres Geweih.*

Empfindliche Arktis

Auyittuq schützt einen Teil der Ostregion von Baffin Island und des Davis Strait. Besucher leisten zwar einen Beitrag zur örtlichen Wirtschaft, doch ursprünglich wurde der Park geschaffen, um diese Region der arktischen Wildnis unter strengen Schutz zu stellen. Auch bei nur ein paar Hundert Besuchern pro Jahr müssen Vorsichtsmaßnahmen ergriffen werden, damit das äußerst empfindliche arktische Ökosystem keinen irreparablen Schaden nimmt.

Links: *Das Stängellose Steinkraut ist eine charakteristische Blütenpflanze der Tundra.*

Unten rechts: *Zwischen den kleinen Eisbergen in der Hudson Bay tummelt sich eine Gruppe von Beluga-Walen.*

Nahanni National Park

Der erste zum Weltnaturerbe erklärte Park

»Die Polarlichter waren Zeuge von merkwürdigen Phänomenen ...«
Robert Service, »The Cremation of Sam McGee«

Im Jahre 1978 wurde der Nahanni National Park als erster Nationalpark von der UNESCO zum Weltnaturerbe erklärt. Der Park schützt den South Nahanni River auf einer Länge von 300 km und damit fast 80 Prozent des gesamten Flusses.

Jeden Sommer unternehmen etwa 800 Besucher eine Fahrt auf dem Fluss. Wer die Paddeltour auf sich nimmt, wird mit herrlichen Naturerlebnissen belohnt, u. a. mit dem Anblick von 27 m hohen Quelltürmen und eines Wasserfalls, der doppelt so hoch ist wie die Niagarafälle. Hell's Gate, Funeral Range, Deadman's Valley, Headless Cave und Sunblood Mountain sind nur einige der viel sagenden Namen von Orten, an denen die Paddler im Schein der Polarlichter vorbeikommen.

Linke Seite: *Gewaltige Felswände ragen zu beiden Seiten des Nahanni River gen Himmel. Der längste Teil des Flusses führt durch den Park und ermöglicht erfahrenen Kanuten und Kajakfahrern abenteuerliche Wildwasserfahrten* (links oben). *Die seltenen Trompeterschwäne brüten im Park* (links unten). *Raben sind intelligente Vögel und verstehen es perfekt, sich den Gegebenheiten ihrer Umgebung anzupassen* (unten rechts).

Rechts oben: *Zum Park gelangt man normalerweise von Fort Simpson aus mit einem gecharterten Wasserflugzeug, das oberhalb der Virginia Falls landet.*

Heiße Quellen und Wasserfälle

Entlang des Flusslaufs gibt es zwei besonders eindrucksvolle Sehenswürdigkeiten. Die erste sind die Rabbitkettle Hotsprings in der nordwestlichen Ecke des Parks. Die heißen Quellen liegen in einer besonderen Schutzzone und sind nur in Begleitung eines Parkführers zugänglich. Die Quellen steigen aus 2000 m Tiefe an die Erdoberfläche und enthalten Kalziumkarbonat, das sich (mit einer Geschwindigkeit von 2 mm pro Jahr) seit der letzten Eiszeit aus dem tief verschütteten Sedimentgestein gebildet hat. Die Quellen sprudeln durch Felsspalten in die Höhe, und wenn sie die Erdoberfläche erreichen, kühlen sie ab und lagern Tufftürme aus Kalziumkarbonat und Sediment am Rand der Austrittsstellen ab, die mittlerweile eine Höhe von bis zu 27 m erreicht haben.

Die zweite Sehenswürdigkeit sind die Virginia Falls, die zu den schönsten Wasserfällen der Welt gehören. Der Wasserfall ist 125 m hoch und 200 m breit und fließt um einen gewaltigen Felsen herum. Er stellt das Zentrum des Flusses dar. Oberhalb der Virginia Falls fließt der Nahanni River durch eine sanftere Landschaft allmählich bergab und beschreibt dabei mehrere Biegungen. Unterhalb des Wasserfalls rauscht der Fluss rasch und unberechenbar abwärts; er führt durch schmale, hohe Canyons und bietet Flussfahrern eine unvergleichliche

Lage: In der südwestlichen Ecke der Northwest Territories, südwestlich von Fort Simpson.

Klima: Kurze, warme Sommer und lange, kalte Winter.

Reisezeit: Der Park ist ganzjährig geöffnet. Flussfahrten sind jedoch nur im Sommer ratsam, wenn auch kommerzielle Anbieter Touren organisieren.

Anreise: Besucher kommen meist per Linienflug nach Fort Simpson (Northwest Territories) und chartern dann ein Wasserflugzeug oder einen Hubschrauber, um zum Park zu gelangen. Im Park sind keine motorisierten Fahrzeuge erlaubt, ausgenommen die der Parkverwaltung. Alle Besucher müssen sich im Büro der Parkverwaltung in Fort Simpson (nordöstlich des Parks) anmelden. Der Laird Highway führt von Fort Nelson, British Columbia, zum Blackstone Territorial Park, 64 km östlich der Parkgrenze.

Einrichtungen: Einige Trails und Portagestrecken, ein paar Zeltplätze im Hinterland. Die wichtigsten Dienstleistungen in Fort Simpson.

Naturbeobachtungen: Die frei lebenden Tiere erlauben Besuchern in Kanus, Kajaks oder Schlauchbooten oft, sie aus der Nähe zu beobachten. Zu sehen sind Elche, gelegentlich Dallschafe. Trompeterschwäne sind selten, eher bekommen Sie Fischadler, Steinadler und Weißkopfseeadler zu Gesicht. Wanderfalken nisten an den Felswänden der Canyons.

Freizeitaktivitäten: Kanu-, Kajak- und Schlauchboottouren, Wanderungen, Naturfotografie.

Zu beachten: Überschreiten Sie Ihre persönlichen körperlichen Grenzen nicht, vor allem, wenn Sie allein unterwegs sind. Viele unvorsichtige Besucher haben auf dem South Nahanni River bereits ihr Leben verloren.

Rechts: *Die Virginia Falls sind doppelt so hoch wie die bekannteren Niagarafälle.*

Wildwasserfahrt, bei der sie Strudel, Stromschnellen und Strömungen bewältigen müssen. Unterhalb des Wasserfalls fließt der Fluss durch vier Canyons bergab und verlässt oberhalb des Nahanni Butte den Park.

Überlieferte Rätsel

Der Fluss und der Park wurden nach den Ureinwohnern der Region benannt, die bei den Athabaska-Indianern, die in ihrer Nähe lebten, Naha Dene oder Nahande hießen, was so viel bedeutet wie »Menschen aus dem Westen«. Die ersten europäischen Händler nannten sie Nahanies. Die Naha Dene waren ein aggressives Volk, das in den abgelegenen MacKenzie Mountains lebte und häufig andere Völker überfiel. Der Überlieferung nach machte sich einer der überfallenen Stämme schließlich auf, um sich zu rächen. Die Krieger fanden das größte Lager der Naha Dene jedoch verlassen vor. Seitdem sind die Naha Dene spurlos verschwunden. Interessanterweise glauben die Navajo, die 3000 km weiter südlich in Arizona leben, dass ihre Vorfahren aus Nordkanada stammen. Die Slavey-Indianer, die heute in der Nahanni-Region leben, verstehen die Sprache der Navajo, aber nicht die Sprachen der Indianer, die geografisch gesehen zwischen ihnen leben. Sind die Navajo also die Nachfahren der verschwundenen Naha Dene?

Viele der ersten Europäer waren auf der Jagd nach Fellen, andere suchten Gold, vor allem in Folge des großen Klondike-Goldrauschs im benachbarten Yukon Territory. Zu diesen Goldsuchern gehörten auch Willie und Frank McLeod, zwei Brüder, die von Métis-Indianern abstammten. Sie erforschten um 1905 den Flat und den Nahanni River. Einigen Berichten zufolge wurden sie nach ihrer ersten Expedition mit Gold gesehen, doch 1907 entdeckte man ihre enthaupteten Leichen an der Mündung eines Seitenflusses. Man hat nie herausgefunden, unter welchen Umständen die Männer ums Leben kamen und wo sie Gold entdeckt hatten, doch an ihre Geschichte erinnern Namen wie Headless Creek, Deadman's Valley und Funeral Range.

Unten: *Fischadler ernähren sich ausschließlich von Fisch und sind entlang der Flüsse im Park häufig anzutreffen.*

Einschränkungen für Flussfahrer

Der Nahanni National Park schützt einen Teil des Naturraums der MacKenzie Mountains. Der Park ist lang und schmal, und man hofft, ihn durch Verhandlungen mit den Indianerstämmen der Umgebung bald vergrößern zu können. Die Beliebtheit des Parks bei Wildwasserfahrern hat zur Folge, dass die Parkverwaltung deren Zahl streng begrenzt. Mögliche Bergbau-Projekte außerhalb des Parks stellen ebenfalls eine Gefahr dar.

Wapusk National Park

Land des weißen Bären

»... ein grässlicher Fleck auf einem Sumpfgelände, mit einem eingeschränkten Blick auf das zugefrorene Meer.«
R. Ballantyne 1846

Der Wapusk National Park wurde 1996 gegründet und ist der größte Nationalpark Kanadas, der vollständig südlich des 60. Breitengrads liegt. Der Park besteht hauptsächlich aus Tundra und ist 11 475 km² groß. Der Name des Parks, in dem Eisbären unter Schutz stehen, geht auf das Wort der Cree-Indianer für »weißer Bär« zurück. Die Region westlich des Parks, die Umgebung von Churchill, wird oft als »zugängliche Arktis« bezeichnet, auch wenn sie nicht wirklich in der Arktis liegt. Doch aufgrund des abkühlenden Einflusses der Hudson Bay sind hier die Landschaft, das Klima, die Pflanzen und die Tiere ähnlich wie in den Regionen viel weiter im Norden.

Der Wapusk National Park ist eine tief liegende, schlecht entwässerte Ebene, die sanft in Richtung Hudson Bay abfällt. Der Dauerfrostboden wird von der ausgedehntesten Torfschicht Amerikas bedeckt; die Hälfte des Landes besteht aus Seen, Sümpfen, Marschland, Wasserläufen und Flüssen. Seit dem Rückzug der Gletscher hebt sich das Land um einen Meter pro Jahrhundert, da das Gewicht des Eises nicht mehr auf ihm lastet. So entstehen Bodenwellen in der flachen Landschaft. Hinter der baumlosen Küste wechseln sich im Hinterland Tundra und boreale Wälder mit Gebirgslärchen und Schwarzfichten ab. Außer den Eisbären stehen im Park Tausende von brütenden Wasser- und Küstenvögeln unter Schutz, vor allem Schneegänse. Die Schneegans-Kolonie in der Nähe der La Perouse Bay umfasst 100 000 Tiere.

Rechts oben: *Arktische Pflanzen wie diese Kriechhimbeere wachsen in der dicken Schicht aus Torf, die auf dem Dauerfrostboden liegt.*

»Wapusk«

Eisbären (*Ursus maritimus*) sind die größten auf dem Land lebenden Raubtiere Nordamerikas. Die ausgewachsenen Männchen wiegen zwischen 300 und 450 kg, die Weibchen zwischen 160 und 275 kg. Die Eisbärpopulation im nördlichen Manitoba ist die südlichste der ganzen Welt und damit Besuchern am leichtesten zugänglich. Die Bären suchen den Park gern auf, um dort Höhlen anzulegen. Die Sommerhöhlen sind bis zu 6 m tief; Bären graben sie in den Dauerfrostboden, um der Sommerhitze zu entkommen. Trächtige Weibchen nutzen die Höhlen im Winter zum Winterschlaf, und um dort ihre Jungen zur Welt zu bringen, während die Männchen und die nicht trächtigen Weibchen auf dem Eis der Hudson Bay nach Seehunden jagen. Eisbären sind außergewöhnlich kräftig und schnell; sie können Geschwindigkeiten von nahezu 50 km/h erreichen. Normalerweise bekommt man die Tiere nur zu Gesicht, wenn sie ausruhen oder langsam umherstreifen. Sie sind erbarmungslose Jäger und die räuberischsten aller Bären. Sie ernähren sich vorwiegend von Seehunden, die sie schnell und geschickt jagen. Die weißen Bären sind gute Schwimmer und haben einen

Lage: Östlich des Ortes Churchill im nördlichen Manitoba.

Klima: Im Sommer liegen die Temperaturen zwischen 35 und 0 Grad; im Herbst ist es stürmisch, die Temperaturen liegen zwischen 25 und -15 Grad. Im Winter ist mit arktischen Bedingungen zu rechnen: Temperaturen können wochenlang unter -40 Grad liegen. Am Ufer der Hudson Bay ist es fast immer windig.

Reisezeit: Für Eisbär-Touren Sept. und Okt. Für andere Tiere und Pflanzen Juni bis Aug.

Anreise: Churchill ist täglich mit Linienflügen über Thompson von Winnipeg aus zu erreichen. Im Sommer kann man von Winnipeg aus mit der Bahn fahren. Wer den Park allein erforschen will, muss sich mit der Parkverwaltung in Verbindung setzen.

Einrichtungen: Innerhalb des Parks keine Einrichtungen. Besucherzentrum in Churchill, ebenso wie Unterkünfte (Motels, B&B), Restaurants, Geschäfte, Museum, Tankstelle.

Naturbeobachtungen: Zum größten Teil in der Umgebung von Churchill. Vögel im Juni; Wildblumen, Schmetterlinge und Beluga-Wale im Juli; Laubfärbung im August; Eisbären im Sept. und Okt. Im Winter kann man Polarlichter sehen.

Freizeitaktivitäten: Wandern, Kanufahren, organisierte Touren auf Tundra-Buggies, um Eisbären zu beobachten.

Zu beachten: Beobachten Sie Eisbären mit der größtmöglichen Vorsicht.

Oben: *Im Herbst bilden die gelben Blätter dieser arktischen Weidenart einen kräftigen Kontrast zu den roten Blättern der Bärentraube, die bei den Einheimischen »Kinnikinik« heißt.*

sehr feinen Geruchssinn, ein gutes Gehör und Sehvermögen. Denken Sie immer daran, dass Eisbären sehr gefährlich sind und man sich ihnen nur mit äußerster Vorsicht nähern darf. Im Wapusk National Park sind die Tiere am häufigsten zwischen Juli und November zu beobachten; in der Umgebung von Churchill leben ungefähr 1200 Eisbären. Viele von ihnen versammeln sich im Herbst in der Nähe des Cape Churchill, um darauf zu warten, dass die Hudson Bay zufriert.

Faszination Tundra

Die meisten Besucher, bleiben innerhalb der Küstenzone, denn auch hier kann man schon die Wunder der Tundra-Landschaft erleben. Vogelliebhaber kommen zur Brutzeit im Juni und halten u. a. nach Rosenmöwen und Grauwangendrosseln Ausschau. Im Juli und Anfang August zeigen sich die Wildblumen von ihrer schönsten Seite: u. a. Lappländische Alpenrose, Silberwurz und Purpursteinbrech. Zur selben Zeit halten sich Hunderte von Belugawalen in der Mündungsbucht des Churchill River auf. Seltene Arten gibt es bei den Schmetterlingen, z. B. White-veined Arctic, Theano Alpine und Cranberry Blue. An Säugetieren sind außer dem Eisbär hier Karibu, Polarfuchs, Rotfuchs und Bisamratte heimisch.

Altes Siedlungsgebiet

Die Umgebung von Churchill, Manitoba, wird seit Tausenden von Jahren von den Dene- und Cree-Indianern besiedelt und von den Inuit genutzt; die ersten Europäer trafen 1619 ein. Die Flüsse, die in die Hudson Bay strömen, boten die Voraussetzung für die Erforschung Kanadas. Die Vereinbarung zur Gründung des Nationalparks erlaubt den Ureinwohnern (vor allem den Métis-Indianern) für den Eigenbedarf zu angeln, Fallen zu stellen, zu jagen und Holz zu sammeln.

Gefahren für Alleinreisende

Individualreisen sind grundsätzlich möglich, auch wenn die meisten Besucher die Region im Rahmen von geführten Naturreisen erkunden. Außerhalb von Churchills näherer Umgebung muss eine individuelle Erkundungstour sorgfältig geplant werden. Wer Eisbären beobachten will, sollte sich unbedingt einer organisierten Tour anschließen. Wer dennoch auf eigene Faust los zieht, sollte sich zumindest der Gefahren bewusst sein: Das Wetter ist nur schwer vorhersehbar (häufige Stürme!); es drohen Erfrierungen, Hypothermie und Schneeblindheit aufgrund von Schneestürmen. Vor der Küste liegen bis zu 5 km breite Schlickflächen; es gibt keinen Schutz für Boote. Die Sicherheit der Eisflächen auf Meer, Flüssen und Seen ist nur schwer abzuschätzen. Im Inland müssen häufig reißende, kalte und tiefe Flüsse durchquert werden. Im Sommer gibt es unzählige stechende Insekten, und bei Füchsen und Wölfen besteht Tollwutgefahr. Zudem muss man ständig mit dem Erscheinen von Bären rechnen.

Bedrohung

Der Wapusk National Park schützt einen bedeutenden Teil des Naturraums der Hudson Bay und des St.-Lorenz-Tieflands. Zu den Gefahren zählen die ungeregelte Ausbeutung der Ressourcen vor Ort und die unvorhersehbaren Auswirkungen der Erwärmung der Erdatmosphäre.

Rechts: *Der Herbst setzt in der Arktis früh ein. Im August ist die Tundra ein Farbenmeer, wenn die Blätter der winzigen winterharten Pflanzen und Zwergbäume ihr Herbstkleid anlegen.*

Rechte Seite: *Der Eisbär, den die Inuit »Nanook« nennen, fastet während des kurzen arktischen Sommers. Und obwohl er in dieser Zeit oft friedlich und sanft wirkt, kann er überraschend schnell und beweglich sein.*

Ivvavik & Vuntut National Parks

Unter dem Polarlicht

»Die Trails der Arktis haben dem Wanderer geheimnisvolle Geschichten zu erzählen …«
Robert Service, »The Cremation of Sam McGee«

Das nördliche Yukon Territory ist ein Land, das vom Alltag der meisten Kanadier sehr weit entfernt ist. Lange Zeit hielt man es nicht für nötig, die scheinbar endlos weite arktische Landschaft durch einen Nationalpark zu schützen. Angesichts zunehmender Ölbohrungen und des Abbaus von Bodenschätzen brachten die ortsansässigen Inuvialuit 1984 die Forderung nach der Einrichtung eines Nationalparks in die Verhandlungen über den Landbesitz mit ein. Zur gleichen Zeit wurde bei der Einigung mit den Vuntut-Gwitchin-Ureinwohnern der Vuntut National Park gegründet. Die beiden Parks grenzen aneinander, werden jedoch getrennt verwaltet. *Ivvavik* bedeutet »Ort der Geburten«, was sich auf die Karibus bezieht, die im Park ihre Jungen zur Welt bringen. Ivvavik schützt 10 168 km^2, Vuntut (der Name bedeutet »zwischen den Seen«) 4 345 km^2. Beide Parks werden von staatlichen Parkangestellten und Vertretern der Ureinwohnerstämme gemeinsam betreut.

Linke Seite: *Die Gründung des Ivvavik National Park* (oben) *war Bestandteil einer Vereinbarung mit den Inuvialuit, den örtlichen Ureinwohnern. Der Vuntut National Park* (unten) *grenzt an den Ivvavik Park. Gemeinsam schützen die beiden Parks die größte Karibuherde der Welt.*

Oben rechts: *Odinshühnchen fliegen aus dem weit entfernten Argentinien in den Vuntut Park, um dort im Sommer zu brüten, wenn die Tundra reichlich Nahrung liefert.*

Tiere

Die Barren-Ground-Karibus streifen in einem riesigen Gebiet umher. Auf ihrem Weg nach Ivvavik, wo sie ihre Jungen zur Welt bringen, ziehen sie auch durch den Vuntut Park. Die Herde mit rund 180 000 Tieren ist die größte der Welt und macht ca. zehn Prozent der Bestände weltweit aus. In ihrem Gefolge können auch Tundrawölfe beobachtet werden. Außerdem leben hier Grizzlys und Eisbären. Moschusochsen halten sich meist in den niederen Ebenen der Tundra auf, während Dallschafe die Hochlagen der British Mountains bevorzugen. Fast jeder Vogel, der im Park brütet, ist ein Zugvogel, denn die Winter hier sind für die meisten zu kalt. Küstenvögel fühlen sich im Sommer wegen der vielen Insekten wohl, und die Schlickflächen von Old Crow Flats werden von Brutvögeln zu Hunderttausenden aufgesucht. Einige der Zugvögel legen unglaublich weite Strecken zurück. So überwintern Odinshühnchen z. B. in Argentinien; Küstenseeschwalben legen den weiten Weg in die Antarktis zurück. Schnee-Eulen und Gerfalken brüten hier ebenso wie Wanderfalken und Falkenraubmöwen.

Lage: Vuntut: im Nordwesten des Yukon Territory. Im Norden grenzt er an den Ivvavik National Park, im Westen an Alaska und das Arctic National Wildlife Refuge, im Osten an den Black Fox Creek und im Süden an den Old Crow River. Ivvavik: in der äußersten nordwestlichen Ecke von Yukon, grenzt im Süden an den Vuntut National Park, im Westen an Alaska und im Norden an die Beaufortsee.

Klima: Wechselhaft, unvorhersehbar. Große Temperaturschwankungen: Im Juli zwischen 0 und 25 Grad.

Reisezeit: Mai bis Oktober.

Anreise: Vuntut: über Old Crow, das von Whitehorse, Dawson und Inuvik angeflogen wird. Von Old Crow per Lufttransport oder Flussfahrt weiter. Ivvavik: über Inuvik, auf dem Dempster Highway oder per Flugzeug aus dem Süden Kanadas. Von Inuvik weiter per Lufttransport oder gechartertem Küstenschiff.

Einrichtungen: Weder im Vuntut noch im Ivvavik National Park Einrichtungen. Die üblichen Dienstleistungen in Inuvik, in Old Crow ist das Angebot eingeschränkt.

Naturbeobachtungen: Karibus, Wölfe, Grizzlys, Eisbären, Moschusochsen, Dallschafe, Zugvögel.

Freizeitaktivitäten: Wandern, Camping, Rafting, Kanufahren, Naturfotografie.

Zu beachten: 1. Individualreisende müssen autark und in der Lage sein, sich im Notfall selbst zu helfen. 2. Für alle Flugzeuge ist eine Landeerlaubnis vonnöten. 3. Der Einsatz von Piepern (Rettungs-Peilsendern) wird dringend empfohlen.

Oben: *Dallschafe klettern in den British Mountains, ihrem nördlichsten Verbreitungsgebiet.*
Unten: *Das dicke Fell schützt die Moschusochsen im Winter vor dem Wind und im Sommer vor Insekten.*

Klima

Das Wetter in den beiden Nationalparks Vuntut und Ivvavik ist wechselhaft und unvorhersehbar. Der Wind wird durch die besonderen Bedingungen an der Küste und durch die Berge beeinflusst und kann plötzlich die Richtung wechseln oder gefährlich auffrischen. Es gibt große Temperaturschwankungen, und vor allem in Küstennähe herrscht häufig Nebel. Schneien kann es an allen Tagen des Jahres, auch wenn die Niederschläge pro Jahr gering ausfallen. Winter herrscht von Oktober bis März, und um die Wintersonnenwende herum wird es an manchen Tagen nie hell. Eine Besonderheit ist, dass es hier zweimal »Frühling« gibt: Der erste dauert von Ende März bis Ende April und ist gekennzeichnet von Schnee, lange währendem Tageslicht und guten Reisebedingungen. Im zweiten Frühling, von Mai bis Juni, schmilzt der Schnee und bricht das Eis; dann ist das Reisen schwierig, wenn nicht gar unmöglich. Der Sommer beginnt Mitte Juni, dann ist es 24 Stunden am Tag hell, die Pflanzen wachsen rasch, und es gibt viele stechende Insekten. Der Herbst beginnt Anfang bis Mitte August mit dem Einsetzen des Frosts und dauert bis September.

Das Schutzgebiet

Die beiden Nationalparks Vuntut und Ivvavik repräsentieren den Naturraum des nördlichen Yukon und des MacKenzie-Deltas. Trotz ihrer Abgeschiedenheit gelangen Giftstoffe von außerhalb in die Parks und werden in großen Mengen in Pflanzen und Tieren nachgewiesen. Die gefährdete Küstenregion reicht bis zum Arctic Wildlife Refuge in Alaska. Dorthin zieht sich die Karibuherde zurück, nachdem sie ihre Jungen zur Welt gebracht hat. Trotz der Bitten Kanadas, das Schutzgebiet mit Hilfe des American Wilderness Act zu schützen, überlegt der US-Kongress, das Schutzgebiet für Erdöl- und Erdgasprojekte zu öffnen. Wenn das geschieht, sind die Karibus in Gefahr.

Aulavik, Tuktut Nogait & Quttinirpaaq National Parks

Ein arktisches Wildnis-Trio

»Und der stille, unheimliche und ursprüngliche Norden, erfüllt vom Zauber und bevölkert von Geistern und Dingen, die man nur aus Legenden kennt, zeigt, was in ihm steckt ...«
Grey Owl (Wa-sha-quon-asin), »Tales of an Empty Cabin«

Der Tuktuk Nogait National Park wurde 1996 gegründet, um die Region zu schützen, in der die Bluenose-Karibus ihre Jungen zur Welt bringen. Er ist 16 340 km² groß. Durch den 12 275 km² großen, 1992 eingerichteten Aulavik National Park fließt der nördlichste befahrbare Fluss der Welt, der Thomson River. Die 1988 gegründete Quttinarpaaq (Ellesmere Island) National Park Reserve ist mit 37 775 km² der zweitgrößte Nationalpark Kanadas. Alle drei Parks wurden mit der bereitwilligen Unterstützung der Inuvialuit und der Inuit, der Menschen, die schon seit langer Zeit hier im hohen Norden Kanadas leben, gegründet. Sie sind auch an der Verwaltung der Parks beteiligt. Die Vereinbarungen gestatten es den Inuvialuit und den Inuit, ihren traditionellen Tätigkeiten im Park nachzugehen und die natürlichen Ressourcen des Parks für den Eigenbedarf auszubeuten. Alle drei Parks sind abgelegene, relativ unzugängliche und sehr empfindliche Lebensräume.

Oben rechts: *Schneegänse brüten am Thomson River und versammeln sich im Sommer am Fluss zur Mauser.*

Der Tuktut Nogait National Park (*Tuktut Nogait* heißt in der Sprache der Inuvialuit »junges Karibu«) ist der südlichste der drei Parks und besteht aus Tundra, sanften Hügeln und Canyons, die die Flüsse ausgewaschen haben. Für arktische Verhältnisse gibt es hier viele verschiedene Pflanzen und Tiere – das Ergebnis von vielen nebeneinander existierenden Mikrohabitaten. Die Täler des Brock River und des Homaday River sowie die La Roncière Falls sind die beherrschenden geografischen Charakteristika des Parks. Der Park bietet mit seinen zahlreichen Felswänden und Canyons gute Nistplätze, und so viele Raubvögel, wie hier im Park brüten, gibt es sonst nirgendwo in Nordamerika: Ger- und Wanderfalken, Raufußbussard, Steinadler und Schnee-Eule.

Die Hügel und Täler werden von Grizzlys, Karibus, Moschusochsen und Tundrawölfen bewohnt.

Der Aulavik National Park (*Aulavik* heißt in der Sprache der Inuvialuit »der Ort, an dem Menschen unterwegs sind«) ist ein Land mit breiten Flusstälern und Ödland, das viele archäologische Stätten der Inuvialuit und der Europäer aufweist. Der Thomson River eignet sich für Kanu-, Kajak- und Schlauchbootfahrten. Allerdings ist er normalerweise nur im Sommer, wenn das Hochwasser

Lage: Aulavik National Park: im Norden von Banks Island, Northwest Territories (NWT). Tuktut Nogait National Park: 45 km östlich von Paulatuk (NWT) und 425 km nordöstlich von Inuvik (NWT). Quttinarpaaq National Park: im Norden von Ellesmere Island im nördlichsten Zipfel Kanadas.

Klima: Arktisches Wüstenklima mit kurzen, kühlen Sommern und langen, kalten Wintern. Höchsttemperaturen Juni bis August am Tag unter 10 Grad.

Reisezeit: Reisen sind praktisch nur von Juni bis Aug. möglich.

Anreise: Aulavik: Charterflüge von Inuvik (NWT); bis Inuvik Linienflüge. Tuktuk Nogait: mit einem privaten Boot von Paulatuk, mit dem Charterflugzeug von Inuvik oder per Wanderung vom Paulatuk Commercial Air Service, nach Paulatuk von Inuvik (nicht täglich); Quttinirpaaq: Flugcharter von Resolute Bay, Nunavut (bis Resolute Bay Linienflüge).

Einrichtungen: In keinem der drei Parks. Wenden Sie sich für Dienstleistungen in Inuvik, Paulatuk und Resolute Bay an die Parkverwaltung.

Naturbeobachtungen: Moschusochsen, Karibus, Tundrawölfe, Eisbären, Meeressäuger, Falkenraubmöwen, Gerfalken, Elfenbeinmöwen.

Freizeitaktivitäten: Wandern, Naturfotografie, Kanufahren, Angeln.

Zu beachten: 1. Lagerfeuer sind nicht erlaubt. 2. Besucher müssen sich bei der Parkverwaltung anmelden. 3. Zelten ist nur erlaubt, wenn nichts hinterlassen wird. 4. Individualreisende müssen alles Notwendige selbst mitbringen. Pieper (Rettungs-Peilsender) werden empfohlen.

Oben: *Dickes Treibeis bedeckt den Ozean in der Nähe des Aulavik National Park.*

abläuft, befahrbar. Der Thomson River hat keine Stromschnellen, doch Gefahr droht durch starke Winde. Es gibt hier mehr als 150 Tundra-Wildblumen, die vor allem Anfang Juli blühen und am schönsten an Südhängen zu bewundern sind. Mehr als 70 000 Moschusochsen – die größte Population dieser Tiere auf der Welt – leben auf Banks Island. Außerdem gibt es Peary-Karibus, auch wenn ihre Zahl abnimmt, sowie Polarfüchse, Wölfe, Hasen und Eisbären. Die Küste suchen Belugawale und Eismeer-Ringelrobben auf. Unter den 40 Vogelarten, die im Park nisten, sind viele Küsten- und Raubvögel, deren Zahl wiederum von der Zahl der Lemminge, ihrem Hauptbeutetier, abhängt. Der untere Abschnitt des Thomson River ist als Schutzgebiet für Zugvögel ausgewiesen, vor allem, um die Schneegänse während ihrer sommerlichen Mauser zu schützen.

Unten: *Die Schneeammer zählt zu den vielen Zugvögeln, die in der Tundra brüten.*

Die Quttinirpaaq (Ellesmere Island) National Park Reserve (*Quttinirpaaq* heißt bei den Inuit »das obere Ende der Welt«) schützt die nördlichste Region Nordamerikas. Bis zu 900 m dicke Gletscher bedecken die Gebirge im nördlichen Teil des Parks. Über die Gletscher ragen so genannte *Nunataks* (Felsgipfel) hinaus: Zu ihnen zählt auch der Mount Barbeau, der mit 2 612 m höchste Gipfel im östlichen Nordamerika. Die Küste weist vergletscherte Täler und Fjorde auf, und im Norden bedeckt 80 m dickes Treibeis weite Teile des Ozeans. Lake Hazen, eine »warme Oase« in der Arktis, liegt im Süden des Parks. In seiner Nähe gedeihen die meisten Pflanzen und leben die meisten Tiere des Parks. Quttinirpaaq ist eine Polarwüste mit nur 6 cm Niederschlägen pro Jahr, und doch wachsen hier genügend Pflanzen, um Insekten zu versorgen, die wiederum Brutvögeln Nahrung liefern, darunter Sandregenpfeifer, Steinwälzer, Graubruststrandläufer, Elfenbeinmöwe und Küstenseeschwalbe. Heimisch sind auch Peary-Karibu, Eisbär, Moschusochse und Tundrawolf. In und an den offenen Küstengewässern halten sich Walrosse, Bartrobben, Narwale, Eissturmvögel, Dickschnabellummen und Eismöwen auf.

Unterwegs in der Arktis

In der Arktis unterwegs zu sein ist kein leichtes Unterfangen, und eine gute Vorbereitung ist lebenswichtig. Es ist leichter und oft nicht viel teurer, die Dienste von anerkannten Outfittern in Anspruch zu nehmen. Treffen Sie

alle Vorsichtsmaßnahmen, um sich selbst und Ihre möglichen Retter nicht zu gefährden. Doch trotz gründlicher Planung können Unfälle passieren. Die Parkverwaltung Parks Canada unterhält zwar einen Such- und Rettungsdienst, doch seine Möglichkeiten sind durch die Abgeschiedenheit des Gebiet, durch die schlechten Wetterbedingungen und den Personalmangel eingeschränkt. Es können Verzögerungen eintreten, bedingt durch das Wetter und die Verfügbarkeit von Luftfahrzeugen oder Booten. Einzelreisende, die sich nicht an die Parkvorschriften halten und fahrlässig oder unverantwortlich handeln, müssen für die gesamten Kosten einer Such- und Rettungsaktion aufkommen.

Das Eis wird dünner

Der Park repräsentiert folgende Naturräume: Tuktut Nogait schützt die Hügel der Tundra, Aulavik das Tiefland der westlichen Arktis, Quttinirpaaq die hohen arktischen Gletscher des Ostens. Alle drei Parks sind relativ unverfälscht, auch wenn in Tieren und Pflanzen Schadstoffe, die von weither kommen, nachgewiesen wurden. Die Landschaften sind äußerst empfindliche Ökosysteme, daher wird der Zutritt streng kontrolliert. In jüngster Zeit gibt vor allem die Erwärmung der Erdatmosphäre Anlass zur Sorge. Die Folgen sind noch nicht absehbar, doch werden die Eisschichten ständig dünner, was möglicherweise ernste Auswirkungen nach sich zieht.

Die Quttinirpaaq (Ellesmere Island) National Park Reserve schützt die nördlichste Landregion Nordamerikas.

Liste der Naturschutzgebiete

Im Folgenden werden die größten Schutzgebiete, die es derzeit in Kanada gibt, kurz zusammengefasst. Viele von ihnen sind in diesem Buch beschrieben. Einige wurden primär für Forschungszwecke eingerichtet und sind Touristen im Allgemeinen nicht zugänglich. Eine Reihe von Gebieten, die von Sachverständigen unterschiedlicher Institutionen als Schutzgebiete vorgeschlagen wurden, sind in die Liste mit aufgenommen; sie befinden sich in unterschiedlichen Stadien der Einrichtung. Wenn Sie einen Besuch planen, schauen Sie im Informationskasten des jeweiligen Parks nach und setzen Sie sich mit der zuständigen Behörde in Verbindung (siehe Seite 172).

BRITISH COLUMBIA

Pacific Rim National Park, 286 km², grundlegende Einigung 1970. Drei Parkbereiche: Long Beach, Coast Trail, Broken Group Islands.

Kootenay National Park, 1406 km², gegründet 1920. Gebirgspark, den der Banff-Windermere Highway in zwei Teile teilt. Zu den Sehenswürdigkeiten zählen der Marble Canyon, die Paint Pots und der Stanley Glacier.

Yoho National Park, 1313 km², gegründet 1886. In den Rocky Mountains, mit Eisfeldern zu beiden Seiten der kontinentalen Wasserscheide.

Glacier National Park, 1349 km², gegründet 1886. Schützt einen Teil der Columbia Mountains sowie 400 Gletscher. Im Park liegt der Rogers Pass, der eine Schlüsselrolle für das Transportwesen im Land spielt.

Mt Revelstoke National Park, 260 km², gegründet 1914. Hauptattraktionen sind die Columbia Mountains und die Straße zum Gipfel des Mount Revelstoke.

Garibaldi Provincial Park, 1950 km², gegründet 1920. In der Nähe von Vancouver, dennoch bietet der Park Berggipfel, Gletscher, Alpenwiesen und ursprüngliche Seen.

Gwaii Haanas National Park, 1495 km², grundlegende Einigung 1987. Zum Park gehört der angrenzende Meerespark (3400 km²). Schützt 15 % der Queen Charlotte Islands und das Kulturerbe der Haida-Indianer.

PRÄRIEPROVINZEN

Waterton Lakes National Park (Alberta), 505 km², gegründet 1895. Die nördliche Hälfte des International Peace Park (die südliche Hälfte bildet der Glacier National Park, Montana, USA). Prärie-Grasland, Rocky Mountains.

Banff National Park (Alberta), 6644 km², gegründet 1885. Kanadas erster und noch immer meistbesuchter Nationalpark. In den Rocky Mountains, mit Cave and Basin Hot Springs und Lake Louise; viele Besuchereinrichtungen und Zugang zu Gebirgsregionen.

Jasper National Park (Alberta), 10 878 km², gegründet 1907. Columbia-Eisfelder, kontinentale Wasserscheide, Maligne Canyon und Columbia Icefields Parkway, die schönste Panoramastraße der Welt.

Elk Island National Park (Alberta), 194 km², gegründet 1913. Der einzige eingezäunte Nationalpark Kanadas. Er schützt Bisons, Wapitihirsche und Elche.

Wood Buffalo National Park (Alberta/Northwest Territories), 44 802 km², gegründet 1922. Der größte Park Kanadas, UNESCO-Weltnaturerbe. Schützt Schreikranich, Bison und das Peace-Athabasca-Delta, das größte Süßwasserdelta der Welt.

Grasslands National Park (Saskatchewan), 420 km², gegründet 1975. Schützt verschiedenartiges Prärie-Grasland, ein bedrohtes Habitat Nordamerikas, Präriehunde, Beifußhühner, Prärieklapperschlangen, Gabelböcke.

Prince Albert National Park (Saskatchewan), 3875 km², gegründet 1927. Boreale Wildnis. Große Vielfalt an Säugetieren, Pflanzen und Vögeln. Die letzte Heimat des Natur-Schriftstellers Grey Owl.

Riding Mountain National Park (Manitoba), 2973 km², gegründet 1929. Eine boreale »Insel« am Manitoba Escarpment (Schichtstufe), umgeben von weitläufigen Ebenen (Plains).

Cypress Hills Interprovincial Park (Saskatchewan/Alberta), 250 km², gegründet 1989. Der erste provinzübergreifende Park Kanadas. Die höchste Erhebung östlich der Rocky Mountains und südlich der Arktis. Eine bewaldete Oase umgeben von Grasland.

Dinosaur Provincial Park (Alberta), 73 km², gegründet 1955; 1979 von der UNESCO zum Weltnaturerbe erklärt. Ödland, große Fossilienvorkommen.

ONTARIO

Pukaskwa National Park, 1878 km², grundlegende Einigung 1971. Am Nordufer des Lake Superior, im Herzen des Kanadischen Schilds.

Bruce Peninsula National Park, 154 km², gegründet 1987. Schützt einen Teil des Niagara Escarpment. Programm zum Erwerb von Land, um den Park zu vergrößern.

Fathom Five National Marine Park, 112 km², gegründet 1987. Der erste Meeres-Nationalpark Kanadas. Schützt Inseln und einen See an der Mündung der Georgian Bay.

Georgian Bay Islands National Park, 25 km², gegründet 1929. Übergang zwischen Kanadischem Schild und dem St.-Lorenz-Tiefland.

St. Lawrence Islands National Park, 9 km², gegründet 1914. Der kleinste Nationalpark des Landes, der einige der tausend Inseln im St. Lawrence River schützt.

Point Pelee National Park, 15 km², gegründet 1918. Der südlichste und zweitkleinste kanadische Nationalpark. Verschiedene Pflanzen südlicher Herkunft. Bekannt für den Durchzug der Zugvögel im Frühjahr und Herbst.

Algonquin Provincial Park, 7725 km², gegründet 1893. Einer der ersten Provinzparks in Kanada. Borealer Wald in der Nähe von Großstadtzentren. Wölfe, Elche und Waldsänger.

QUEBEC

La Mauricie National Park, 536 km², gegründet 1977. Seen und Wälder in den Laurentischen Bergen.

Forillon National Park, 240 km², gegründet 1974. Schützt den östliche Verlängerung der Gaspé-Halbinsel sowie Kolonien brütender Seevögel.

Bonaventure Island Provincial Park, 4,2 km², gegründet 1972. Große Seevögel-Kolonie, darunter Basstölpel, Kormorane und Dreizehenmöwen.

Mingan Archipelago National Park Reserve, 150 km², gegründet 1984. Sandstein-Inseln am Nordufer des St. Lawrence River. Viele spektakuläre Gesteinsformationen.

Saguenay-St. Lawrence Marine Park, 1138 km², gegründet 1997. Schützt das vielfältige Meeresleben an der Mündung des Saguenay-Fjords. Finnwale, Belugas, Seevögel.

ATLANTIKPROVINZEN

Gros Morne National Park (Neufundland), 1805 km², grundlegende Einigung 1970. Größter Park östlich von Manitoba und südlich der Arktis. UNESCO-Weltnaturerbe aufgrund seiner Geologie. Er ist das »Galápagos der Kontinentalverschiebung«.

Terra Nova National Park (Neufundland), 400 km², gegründet 1957. Der boreale Wald trifft auf den Atlantik. Walbeobachtung.

Kejimkujik National Park (Nova Scotia), 403 km², gegründet 1974. Unberührtes Herzland von Nova Scotia, das die Micmac-Indianer bewohnen. Zusätzlicher Parkabschnitt am Atlantik, der den Flötenregenpfeifer schützt.

Cape Breton Highlands National Park (Nova Scotia), 948 km², gegründet 1936. Umringt vom Cabot Trail, einer der schönsten Panoramastraßen der Welt. Das Hochland trifft hier aufs Meer. Der älteste Nationalpark der Atlantikprovinzen.

Prince Edward Island National Park (Prince Edward Island), 22 km² plus neuer Greenwich-Abschnitt, gegründet 1937. Strände, Dünen, Salzmarschen, Wälder.

Kouchibouguac National Park (New Brunswick), 403 km², gegründet 1979. Eine Region mit Mooren, Wäldern, Flüssen, Salzmarschen und Sandbänken vor der Küste.

Fundy National Park (New Brunswick), 206 km², gegründet 1948. Schützt akadischen Wald, grenzt an die Bay of Fundy mit den höchsten Gezeitenunterschieden der Welt.

DER NORDEN

Nahanni National Park (Northwest Territories), 206 km², gegründet 1976. Schützt den längsten Abschnitt des South Nahanni River und seine Zuflüsse. Virginia Falls, Rabbitkettle Hot Springs, Nahanni River Canyon.

Kluane National Park (Yukon Territory), 22 013 km², gegründet 1976. St. Elias Mountains, massive Gletscher. Nur der nördliche Teil des Nationalparks ist über eine Straße (Alaska Highway) zugänglich. Grizzlybären und Dallschafe. Weltnaturerbe der UNESCO.

Ivvavik National Park (Yukon Territory), 10 168 km², gegründet 1984. Der nördliche Teil des Yukon Territory, dazu zählen der Firth River und die British Mountains. Hier kalben viele Karibus.

Aulavik National Park (Northwest Territories), 12 000 km², grundlegende Einigung 1992. Abgelegene arktische Wildnis mit dem Thomson River Basin, einem wichtigen Gebiet für Moschusochsen.

Auyuittuq National Park (Nunavut), 10 168 km², gegründet 1976. Arktischer Gebirgspark mit Gletschern, Tälern und Fjorden.

Quttinirpaaq (Ellesmere Island) National Park (Nunavut), 10 168 km², gegründet 1988. Kanadas nördlichster und zweitgrößter Nationalpark. Schützt Lake Hazen, eine arktische Oase.

Tuktut Nogait National Park (Northwest Territories), 16 340 km², gegründet 1998. Kanadas jüngster Nationalpark, der Tundra und seltenes gletscherfreies arktisches Terrain schützt. Hier kalben Bluenose-Karibus.

Vuntut National Park (Yukon Territory), 4345 km², gegründet 1993. Schützt die Old Crow Flats, eine ausgedehnte Ebene, die für Flora und Fauna sehr wichtig ist.

Wapusk National Park (Manitoba), 2973 km², gegründet 1996. Tundra und Taiga am Rande der Hudson Bay. Die südlichste Eisbären-Population auf der Welt. Gefährdetes Brutgebiet von Wasser- und Küstenvögeln.

Nützliche Adressen

BRITISH COLUMBIA

Pacific Rim National Park
Box 280, 2185 Ocean Terrace Rd., Ucluelet, British Columbia VOR 3A0. Tel. 001 250/726-77 21, Fax 726-47 20.

Kootenay National Park
Box 220, Radium Hot Springs, British Columbia V0A 1M0. Tel. 001 250/347-96 15; T.D.D. 347-96 15; Fax 347-99 80.
E-Mail: Kootenay_reception@pch .gc.ca

Yoho National Park
Box 99, Field, B.C., British Columbia V0A 1G0. Tel. 001 250/343-63 24, Fax 343-63 30.
E-Mail: yoho_info@pch .gc.ca

Mt Revelstoke & Glacier National Parks
Box 350 Revelstoke, British Columbia V0E 2S0. Tel. 001 250/837-75 00, Fax 837-75 36.
E-Mail: revglacier_reception@pch.gc.ca.

Garibaldi Provincial Park BC Parks
c/o Alice Lake, Provincial Park, Box 220, Brackendale, British Columbia V0N 1H0. Tel. 001 604/898-36 78, Fax 898-41 71. OR BC Parks Head Office, 1610 Mount Seymour Road, North Vancouver, B.C., V7G 1L3, Tel. 001 604/924-22 00.

Gwaii Haanas National Park/ Haida Heritage Site
Box 37, Queen Charlotte, British Columbia VOT ISO. Tel. 001 250/559-88 18 (ganzjährig). Fax 559-83 66.
E-Mail: gwaiicom@qcislands.ne

PRÄRIEPROVINZEN

Waterton Lakes National Park
Waterton Park, Alberta T0K 2M0. Tel. 001 403/859-22 24, TDD 859-22 24, Fax 859-26 50.
E-Mail: waterton_info@pch.gc.ca

Banff National Park
900, Banff, Alberta T0L 0C0. Tel. 001 403/762-15 50, Fax 762-15 51.
E-Mail: banff_vrc@pch.gc.ca

Jasper National Park
Box 10, Jasper, Alberta T0E 1E0 Tel. 001 780/852-61 76, Fax 852-56 01.
E-Mail: jasper_info@pch.gc.ca

Elk Island National Park
Site 4, RR 1, Fort Saskatchewan, Alberta T8L 2N7. Tel. 001 780/992-29 50.
E-Mail: elk_island@pch.gc.ca

Wood Buffalo National Park
Box 750, Fort Smith, NWT X0E 0P0. Tel. 001 867/872-23 49, Fax 872-39 10, TDD 872-37 27.
E-Mail: wbnp_info@pch.gc.ca.

Grasslands National Park
Box 150, Val Marie, Saskatchewan S0N 2T0. Tel. 001 306/298-22 57, Fax 298-20 42, TDD 298-22 17.
E-mail: Grasslands_Info@pch.gc.ca

Prince Albert National Park
Box 100, Waskesiu Lake, Saskatchewan S0J 2Y0. Tel. 001 306/663-45 22; Camping-Reservierungen: Tel. 663-45 13, Fax 663-54 24.
E-Mail: panp_info@pch.gc.ca

Riding Mountain National Park
Wasagaming, Manitoba R0J 2H0. Information und Reservierung (innerhalb von Nordamerika gebührenfrei): Tel. 1-800-707-84 80 Tel. 001 204/848-72 75, Fax 848-25 96, TTY/TDD 848-20 01.
E-Mail: RMNP_info@pch.gc.ca

Cypress Hills Interprovincial Park
Box 850, Maple Creek, Saskatchewan S0N 1N0. Tel. 001 306/662-44 11. Alberta: Cypress Hills Provincial Park, General Delivery, Elkwater, Alberta, T0J 1C0. Tel. 001 403/893-37 77.

Dinosaur Provincial Park
Box 60, Patricia, Alberta T0J 2K0 Tel. 001 403/378-43 42; gebührenfrei innerhalb von Alberta: Tel. 310-00 00; Camping-Reservierungen: Tel. 001 403/378-37 00; Touren in die nicht frei zugängliche Fossilienzone: Tel. 001 403/378-43 44.

ONTARIO

Pukaskwa National Park
Heron Bay, Ontario P0T 1R0. Tel. 001 807/229-08 01, Fax 229-20 97.
E-Mail: ont_pukaskwa@pch.gc.ca

Bruce Peninsula National Park & Fathom Five National Marine Park
Box 189; Tobermory, Ontario N0H 2R0. Tel. 001 519/596-22 33, Fax 596-22 98, TDD 596-22 83; Reservierungen Cypress Lake Campground: Tel. 001 519/596-22 63.
E-Mail: bruce_fathomfive@pch.gc.ca

Georgian Bay Islands National Park
Box 28; Honey Harbour, Ontario P0E 1E0; Tel. 001 705/756-24 15; Campingplatz-Reservierungen: Tel. 001 705/756-59 09, Fax 756-38 86.
E-Mail: info_gbi@pch.gc.ca.

St. Lawrence Islands National Park
2 County Road 5, RR 3, Mallorytown, Ontario, K0E 1R0. Tel. 001 613/923-52 61, Fax 923-10 21, TTY/Voice: 923-52 61.
E-Mail: ont_sli@pch.gc.ca

Point Pelee National Park
1118 Point Pelee Dr., R.R. #1; Leamington, Ontario N8H 3V4. Tel./TDD: 001 519/322-23 65; Info-Tonband: Tel. 322-23 71 (während des Vogelzugs tägliche Aktualisierung), Fax 322-12 77.
E-Mail : Pelee_Info@pch.gc.ca

Algonquin Provincial Park
Box 219, Whitney, ON, K0J 2M0. Tel. 001 705/633-55 72. Campingplatz-Reservierung: Tel. 1-888-668-72 75.
E-Mail: info@algonquinpark.on.ca.

QUEBEC

La Mauricie National Park
794 5th Street, P.O Box 758, Shawinigan, Quebec G9N 6V9. Information: Tel. 001 819/538-32 32; Campingplatz-Reservierung: Tel. 533-72 72, TDD 536-26 38, Fax 536-36 61.
E-mail: parcscanada-que@pch.gc.ca

Forillon National Park
22 boul Gaspe, CP 1220, Gaspe, Quebec G0C 1R0. Tel. 001 418/892-59 51, Fax 892-55 72.
E-Mail: webinfo@sunqbc.risq.net.

Mingan Archipelago National Park Reserve
Parks Canada Mingan District, 1303 De la Digue Street, Box 1180, Havre-Saint-Pierre, Quebec G0G 1P0. Tel. 001 418/538-32 85 (während der Saison) bzw. 538-33 31 (außerhalb der Saison); Fax 538-35 95.
E-Mail: archipel_de_mingan@pch.gc.ca

Saguenay-St. Lawrence Marine Park
182, rue de l'Église, P.O. Box 220 Tadoussac, Quebec G0T 2A0. Tel. 001 418/235-47 03, Fax 235-46 86.
E-Mail: parkscanada-que@pch.gc.ca

ATLANTIKPROVINZEN

Gros Morne National Park
Box 130, Rocky Harbour, Newfoundland A0K 4N0. Tel. 001 709/458-24 17.
E-Mail: grosmorne_info@pch.gc.ca

Terra Nova National Park
Glovertown, Newfoundland, A0G 2L0. Tel. 001 709/533-28 01, Fax 533-27 06.
E-Mail : atlantic_parksinfo@pch.gc.ca

Kejimkujik National Park
Box 236, Maitland Bridge, Nova Scotia, B0T 1B0. Tel. 001 902/682-27 72, Fax 682-33 67.
E-Mail: Kejimkujik_Info@pch.gc.ca

Cape Breton Highlands National Park
Tel. 001 902/224-3403 oder 224-23 06, Fax 285-28 66, TDD 285-26 91.
E-Mail: atlantic_parksinfo@pch.gc.ca

Prince Edward Island National Park
2 Palmers Lane, Charlottetown, PE C1A 5V6. Tel. 001 902/672-63 50, Fax 672-63 70, TTY 566-70 61.
E-Mail: peinp_pnipe@pch.gc.ca.

Kouchibouguac National Park
Kent County, New Brunswick E0A 2A0. Tel. 001 506/876-24 43, Fax 876-48 02.
E-Mail: kouch_info@pch.gc.ca.

Fundy National Park
Box 40, Alma, New Brunswick E0A 1B0. Tel. 001 506/887-60 00, TDD 887-60 15, Fax 887-60 08.
E-Mail: Fundy_info@pch.gc.ca

DER NORDEN

Nahanni National Park
Box 348, Fort Simpson, Northwest Territories X0E 0N0. Tel. 001 867/695-31 51, Fax 695-24 46, TDD 695-38 41; Reiseinformationen:

GNWT Parks, Tel. 695-72 30
Nahanni-Ram Tourism Association
Box 177 Dept. VG Fort Simpson, NWT, X0E 0N0.
E-Mail : Nahanni_Info@pch.gc.ca.

Kluane National Park Reserve
Box 5495, Haines Junction, Yukon Y0B 1L0. Tel. 001 867/634 72 50, Fax 634 72 65.
E-Mail address: kluane_info@pch.gc.ca

Ivvavik National Park
Western Arctic District, Parks Canada, Box 1840, Inuvik, Northwest Territories X0E 0T0. Tel. 001 867/777-32 48, Fax 777-44 91.
E-Mail: whitehorse_info@pch.gc.ca.

Aulavik National Park
Box 29, Sachs Harbour, Northwest Territories X0E 0Z0; Tel. 001 867/690-39 04, Fax 690-48 08.
E-Mail: Gerry_Kisoun@pch.gc.ca

Auyuittuq National Park
P.O. Box 353, Pangnirtung, Nunavut X0A 0R0. Tel. 001 867/473-88 28, Fax 473-86 12.
E-Mail: Nunavut_Info@pch.gc.ca

Quttinirpaaq (Ellesmere Island) National Park
Box 353 Pangnirtung, Nunavut X0A 0R0. Tel. 001 867/473-88 28, Fax 473-86 12.
E-Mail: Nunavut_Info@pch.gc.ca.

Tuktut Nogait National Park
General Delivery, Paulatuk, Northwest Territories X0E 1N0. Tel. 001 867/580-32 33, Fax 580-32 34.
E-Mail: Gerry_Kisoun@pch.gc.ca.

Vuntut National Park
Box 390, Dawson City, Yukon, Y0B 1G0, Kanada. Tel. 001 403/993-5462, OR Community Liaison Officer, Box 19, Old Crow, Yukon Y0B 1N0. Tel. 001 867/966 36 22, Fax 966 34 32.
E-Mail: margret_njootli@pch.gc.ca

Wapusk National Park
P.O. Box 127, Churchill, Manitoba R0B 0E0. Tel. 001 204/675-88 63, oder 1-888-748-29 28 (gebührenfrei innerhalb von Nordamerika). Fax 675-20 26.
E-Mail: wapusk_np@pch.gc.ca

Internetadressen:

Parks Canada
www.parkscanada.gc.ca/np/np_e.htm

Canadian Heritage Rivers System (Flusssysteme)
www.chrs.ca/Main_e.htm

Canadian Important Bird Areas (wichtige Vogelreviere)
www.bsc-eoc.org/Iba/canmap.html

RAMSAR sites in Canada (Feuchtgebiete von internationaler Bedeutung)
www.ramsar.org/profiles_canada.htm

Canadian Wildlife Service
www.cws-scf.ec.gc.ca/cwshom_e.html

Provincial Parks of British Columbia
www.env.gov.bc.ca/bcparks/explore/explore.htm

Provincial Parks of Alberta
www.gov.ab.ca/env/parks/parkinfo/index.html

Provincial Parks of Saskatchewan
www.serm.gov.sk.ca/parks/

Provincial Parks of Manitoba
www.gov.mb.ca/natres/parks/contents.html

Provincial Parks of Ontario
www.ontarioparks.com/

Parcs provincial du Québec
www.sepaq.com/Fr/carteParcs.cfm

Provincial Parks of New Brunswick
www.tourismnbcanada.com/web/english/ outdoor_network/default.htm

Provincial Parks of Nova Scotia
www.parks.gov.ns.ca/index.htm

Provincial Parks of Newfoundland & Labrador
www.wordplay.com/parks/welcome.html

Provincial Parks of Prince Edward Island
www.gov.pe.ca/visitorsguide/explore/parks/index.php3

Yukon Territorial Parks
www.yukonweb.com/notebook/tparks.html

Nunavut Parks
www.nunavutparks.com/

Canadian Parks & Wilderness Society
www.cpaws.org/

Canadian Parks Partnership
www.canadianparkspartnership.ca/english/

Committee on the Status of Endangered Wildlife in Canada
www.cosewic.gc.ca/COSEWIC/

Birding the Americas Trip Report and Planning Repository
www3.ns.sympatico.ca/ns/maybank/Trips.htm

Canadian Amphibian and Reptile Conservation Network (Netzwerk zum Schutz von Amphibien und Reptilien)
http://eqb-dqe.cciw.ca/partners/carcnet/

Literaturhinweise

Deutsch:

Baedeker: *Kanada*, Mairs Geographischer Verlag, Stuttgart 1999

Bindl, Arno: *Kanada*, Nelles Guide/GeoCenter, München 1999

Dederichs, Manfred/Pinck, Axel/Mertz, Peter: *Kanada. Jenseits des Ozeans*, Bucher, München 1997

DeWiel, Frederik: *DuMont Kultur- und Landschaftsführer Kanada*, Köln 1994

Dzygoluk, Rosemarie: *Trans Canada Highway*, Praktisch & Preiswert, Baxter 1998

Dzygoluk, Rosemarie: *Nationalparks Kanada*, Praktisch & Preiswert, Baxter 1996

Iwersen, Albrecht/Iwersen-Sioltsidis, Susanne: *Kanada*, C.H. Beck, München 1998

Kreutzkamp, Dieter: *Durch West-Kanada und Alaska*, Frederking & Thaler, München 1999

DeWiel, Frederik: *Kanada, British Columbia. Richtig reisen*, DuMont, Köln 1996

Krum, Werner: *Kanada. Atlantische und pazifische Landschaften*, Prestel, München 1993

Krum, Werner/Mertz, Peter: *Kanada. Nationalparks*, Bruckmann, München 1996

Mertz, Peter: *Reiseführer Natur. Kanada*, Bayerischer Landwirtschafts Verlag, München 1998

Apa-Guide: *Kanada*, RV-Verlag, München 1999

Raach, Karl Heinz/Wagner, Bernd/Wagner, Heike: *Kanada*, Bruckmann, München 1999

Sadler, Christine: *Anders reisen: Kanada*, Rowohlt-Verlag, Reinbek 1999

Schneider, Ernst: *Kanada*, Schroll-Verlag, Wien 1996

UNESCO/ADAC-Verlag: *Naturwunder und Kunstschätze unserer Welt – Nordamerika und Mexiko*, Stuttgart 1996

Viedebantt, Klaus: *Kanada. Eine Reise durch Landschaft, Kultur und Alltag*, Vista Point, Köln 1999

Viedebantt, Klaus/Mosler, Axel M.: *Kanada*, Panorama Spezial, Bucher, München 2000

Englisch/Französisch:

Banfield, A.F.: *The Mammals of Canada*. University of Toronto Press, Toronto, 1974

Burt, Page: *Barrenland Beauties - Showy Plants of the Arctic Coast*. Outcrop Limited, Yellowknife, 1991

Cannings, Richard/Cannings, Sydney: *British Columbia - A Natural History*. Greystone Books, Douglas & McIntyre, Vancouver, 1996

Finlay, J. Cam (Hrsg.): *A Bird-finding Guide to Canada*. McLelland & Stewart, Toronto 2000

Guide d'identification Fleurbec: *Plantes Sauvages du bord de la mer*. Diffusion Dimedia Inc., 1985

Hoyt, Erich: *Whales of Canada*. Camden House Publishing, 1988

Lloyd, D./Parish, R./Coupé, R.: *Plants of Southern Interior British Columbia*. Lone Pine Publishing, Vancouver, 1996

MacKinnon, A./Pojar, J./Coupé, R.: *Plants of Northern British Columbia*. Lone Pine Publishing, Vancouver, 1992

MacKinnon, A., and Pojar, J., (1994) *Plants of Coastal British Columbia*. Lone Pine Publishing, Vancouver.

Vance, F. R./Jowsey, J. R./Switzer, F. A./McLean, J. S.: *Wildflowers Across the Prairies*. Greystone Books, Douglas & McIntyre, Vancouver, Saskatoon, 1999

Register

Halbfette Ziffern verweisen auf Abbildungen.

DANKSAGUNG

Der Autor bedankt sich bei folgenden Personen, ohne deren Hilfe dieses Buch nicht zustande gekommen wäre:

Bei den ehemaligen und gegenwärtigen Mitarbeitern von Parks Canada
Merv Syroteuk, Martine Dufresne, Ron Seale, Mike Jones, Suzanne Henry, David Henry, Donna Bruce, Shelley Ross, Dave Huddlestone, Ben Johns, Achim Jankowski und Grey Owl.

Außerdem bei Dick Cannings, Margo und Meaghan Jankowski, Joan Waldron und Joel Ellis.

ABBILDUNGSNACHWEIS

Alle Fotos im Buch von Peter Mertz, mit Ausnahme der folgenden:

Frank Hecker: S.1, 4 (unten links), 34 (Mitte links), 100 (unten), 103, 116 (unten links), 117 (unten), 126 (unten links), 149 (oben), 165 (oben), 168 (unten)

J. D. Henry: S. 164 (oben und unten), 168 (oben links), 169

Johnny Johnson (Bruce Coleman Collection): S. 66 (unten)

Gordon Langsbury (Bruce Coleman Collection): S. 160 (unten)

Joe McDonald (Bruce Coleman Collection): S. 92 (unten)

Blake Maybank: S. 27 (oben), 84 (oben links und unten links), 89 (oben links), 99 (oben), 144 (unten), 157 (unten rechts), 161 (oben), 162 (oben und unten), 163, 167 (oben)

Hans Reinard (Bruce Coleman Collection): S. 93 (oben)

Links: *Farbenprächtige Ahornblätter im Herbst.*